NONGMIN ZHIYE JIAOYU
GONGJI MOSHI YANJIU

农民职业教育供给模式研究

王星飞◎著

安徽师范大学出版社
ANHUI NORMAL UNIVERSITY PRESS
·芜湖·

图书在版编目（CIP）数据

农民职业教育供给模式研究 / 王星飞著. —芜湖 :安徽师范大学出版社,2023.10
ISBN 978-7-5676-6283-4

Ⅰ.①农… Ⅱ.①王… Ⅲ.①农民教育—职业教育—研究—中国 Ⅳ.①G725

中国国家版本馆CIP数据核字(2023)第187980号

农民职业教育供给模式研究

王星飞◎著

责任编辑：何章艳　　　　　　责任校对：孔令清　　吴梦尧
装帧设计：王晴晴　冯君君　　责任印制：桑国磊
出版发行：安徽师范大学出版社
　　　　　芜湖市北京中路2号安徽师范大学赭山校区　　邮政编码：241000
网　　址：http://www.ahnupress.com/
发 行 部：0553-3883578　　5910327　　5910310(传真)
印　　刷：江苏凤凰数码印务有限公司
版　　次：2023年10月第1版
印　　次：2023年10月第1次印刷
规　　格：700 mm×1000 mm　　1/16
印　　张：13.25
字　　数：200千字
书　　号：ISBN 978-7-5676-6283-4
定　　价：42.00元

凡发现图书有质量问题,请与我社联系(联系电话:0553-5910315)

江苏省教育科学"十三五"规划 2018 年度一般立项课题"农民职业教育供给模式：一项基于精准扶贫视角的研究"（编号：D/2018/03/59）研究成果

2020 年度江苏省社科应用研究精品工程一般资助项目"职业教育与休闲农业对接的协同创新研究——以苏北地区为例"（编号：20SYB-130）研究成果

2022 年度江苏省社科应用研究精品工程一般资助项目"生态农业投入与产出的地域差异分析——基于江苏省各地官方公布的数据"（编号：22SYB-094）研究成果

江苏财会职业学院第二届教师成长发展团队（科研型）资助项目阶段性成果

目　录

第一章 绪 论

人类自诞生以来，就在认识和改造自然的实践中艰难地维护着自己窄小的生存空间，单从力量来看，人类个体是敌不过那些大型动物的。为了生存，他们被迫开动大脑，去思考如何生存，智力成为帮助人类在恶劣而又复杂的环境中生存下来，并获得高度发展的核心要素。在长期的实践中，人类形成了一种"遇事先想"的好习惯。这里的"想"，其含义是利用以往积累的知识与经验去解决当前的问题。在这一过程中，就形成了零零散散的思想。

人类的思想源于生存中遇到的各种困难和问题。在思考解决困难和问题时，人类逐渐形成了一种思考范式，通过思考范式将自己认知格式中的思考精髓挖掘出来，并将其系统化和理论化。正如自然界中的某种特别应对与变化一样，它必定会以某种形态表现出来。人之心智里运转的信息内容也是有类似的外在物质形态的，它既可以储存在大脑中，也可以通过言语行为向外界传递，如果条件成熟，它是能够被另一个个体所接受的。在心念思维中，思考得出的信息内容所凝结的架构或范式就是"思想"。

思想要想保持持久的生命力，就必须在思想体系框架下不断与时代需求实现信息互动，吸纳新观念、新信息，摒弃过时的、失效的观念和信息，在不断完善与发展过程中，切记不能忘本，不能断源。任何思想不是凭空产生的，它既有自己的理论渊源，又有自己的现实基础。只有上述两个条件得到保证，思想才能大放异彩，以旺盛的生命力为人类实践服务。

第一节　问题提出

新中国成立以来，党中央、国务院（政务院）对农民的教育一直非常重视。从新中国成立初期的扫盲，到改革开放之后重视农民进城务工的职业技能培训，再到党的十八大之后的新型农民培育，我国在农民（职业）教育方面取得了丰硕的成果。进入新时代，在乡村振兴的新形势下，农民职业教育又呈现出许多新的特点和变化，这些变化主要表现在两个方面：一是农民职业教育内部需求的变化，二是国际国内环境的变化。从农民职业教育供给角度来分析，在这一变化的形势下，就遇到了诸多新问题、新障碍，主要表现为供给渠道不畅通、供给效率不高、供给的内容与农民的实际需求脱节、供给形式单一。这给农民职业教育研究人员提出了更艰巨的研究任务。

一、乡村振兴需要农民职业教育提供智力支持

一般来说，农民发展受限于所受的教育程度不高，接受新生事物的能力不强。在看到"农村能人"因学习各类农业生产技术和进城务工的各类技能而走向富裕之后，很多农民便萌生了学技术的需要。尤其是在乡村振兴大环境下，在自媒体上能看到很多农民通过自己的聪明才智和努力创业成功，这更加激发了广大农民学知识、用技术的热情。农民接受职业教育的热情是有了，但能供他们自主选择的职业教育并不多。这就需要各地政府认真研究当地的农业生产特色和外出务工者就业类型，以此为依据开发切合当地经济发展的农民职业教育课程。

首先，农民全面发展需要农民职业教育。中国式现代化中，农民现代化一定不能缺位，它是人的现代化的重要组成部分，也是农村现代化要达成的根本目标。目前，乡村振兴战略正在向纵深推进，为配合好乡

村振兴战略，迫切需要在农村实施"农民本位"的改革，提高农民的获得感、幸福感、安全感。为何这样说呢？这主要是因为农民是否全面发展直接关系到乡村振兴的发展质量。值得一提的是，农民职业教育是农村教育的重要组成部分，它有助于培养农村居民的素养，帮助农民提高可持续发展能力和终身学习能力，以此实现对美好生活的追求。

其次，农业产业升级需要农民职业教育。乡村振兴的重点在于农业产业兴旺，实现农业产业兴旺要从农业供给侧结构性调整入手，要以构建现代农业产业体系、生产体系、经营管理体系为契机，在农村实现第一、二、三产业的深度融合，由"增产导向"向"提质导向"转换，增强我国农业创新力和竞争力，这是中国式农业现代化的基础。农村产业兴旺需要第一、二、三产业深度融合来推进。农村三大产业的融合需要严格遵循以农业农村为基础，深度挖掘各生产要素、制度和技术创新潜力，推行横向拓展、纵向连贯，打破局限于种养业的农村产业发展格局，实现种养业与加工流通、休闲旅游和电子商务等协同发展的新格局。而这种新格局的形成，需要大量高素质的新型农民和有志于在"三农"领域有所作为的人。农民职业教育可以培育这类人才，所以说农业产业升级需要农民职业教育。

对于乡村振兴，大家并不陌生，但对乡村振兴最终的目标可能会把握不全。概括来讲，乡村振兴就是要实现"农业强""农村美"和"农民富"。

"农业强"，是指农业要实现全面转型并优化升级，驱动农村第一、二、三产业高质量协同发展，为"农村美"和"农民富"奠定经济基础。"农村美"，可以从生态视角去把握，具体来说，就是要通过提高农村居民素质来推动实施农村生态环境保护和美化工程，让青山绿水就在农村居民身边。"农民富"，就是要以人为本，让广大农村居民物质上富足、精神上满足。而要实现这一宏伟的目标，农民职业教育就不能缺位。

二、农民职业教育有效供给不足

农民职业教育作为推动农村经济与社会发展的有力抓手，在城镇化进程不断加剧、农村人口加速流向城市的形势下，已经成为新生代农民融入城市生活的重要手段。从这层意义上看，农民职业教育发挥着"转移农村剩余劳动力"的作用，但过度地转移农村剩余劳动力导致的"农村空心化"背离了农民职业教育发展的初衷。乡村振兴战略需要人才，把人才留住才是农民职业教育的初衷，因此，一定不能忽视培养农民热爱农业、热爱农村的深厚感情。

农民职业教育要以"为农"为宗旨，但事实上并非如此，许多农民职业教育是以"有名无实"的方式存在的。多年以来，我国有许多专家、学者都在以新型城镇化为研究背景，对农民职业教育发展的定位进行了深入的探讨，但质疑声不绝于耳。这种现象表明，农民职业教育在人才培养上或多或少存在不能为农村经济与社会发展提供智力支持的可能性。正因如此，我们更需要去厘清农民职业教育的发展定位，寻找突破瓶颈问题的新路径。

本研究是以农民职业教育供给是否能为乡村振兴提供持续的智力支持为出发点，进而分析当前农民职业教育向农民供给了什么，从供给的结果来评判它应从哪些方面进行改进，以便更好地服务于乡村社会经济发展。

第二节　国内外研究动态

一、国外研究动态

(一) 职业教育供需现状的相关研究

欧美发达国家早在20世纪中叶就意识到了职业教育供需匹配失调会

对经济与社会持续健康发展产生巨大影响。比如最早涉猎这一问题研究的是美国学者 W.Stevenson，他和他的同事以美国职业教育与教育培训部门为需求方，以硕士、博士毕业生为供给方进行了匹配性调查研究，结果发现职业教育领导岗位的人才非常缺乏，于是向美国联邦教育部门提出建议，要求各高等学校和国家职业教育管理部门重调职业教育招生计划，增加从事国家和地方各级职业教育管理岗的受训人数[①]。由于美国职业教育在这次微调之后获得了长足的发展，该项政策一直延续到21世纪初。随着供应链理论的不断发展和在教育中的应用不断加深，世界各国都在努力尝试将供应链技术应用到各项事业中。可以说，供应链已经成为全球化的纽带，是技术创新的重要标志，它对从业人员的职业技能要求越来越高。于是，又有学者瞄准了从供应链视角去考察供给与需求问题。美国学者 Amit Sinha 等人就应用供应链相关理论来考察供应与需求之间的关系[②]。他们的研究基于一个专业的收集运营管理方数据平台，也就是说其研究中的职业教育需求数据就来自这个数据收集平台，而供给的数据则是采用美国 AACSB（国际高等学校商学院协会）认证的商学院的课程设置大纲。研究者采用了聚类分析法来分析确定职业教育供应与需求的匹配度，然后在匹配度的基础上比较供应链知识的需求与供给，所得结论如下：①美国企业对人才需求的差距与知识技能培训之间存在一定的相关；②掌握新兴产业（供应链管理、信息技术和物流管理）的生产知识与技能的人才是美国企业急需的人才。

（二）职业教育供给的相关研究

新西兰的职业教育发展经验也是许多发展中国家学习的对象。为了增强职业教育在经济与社会发展中的作用，避免因职业教育供给与需求

[①] STEVENSON W. Personnel needs and supply in vocational technical education about local teacher level[J].Doctoral Degrees, 1966, 10(2):10.

[②] SINHA A, WILLIAM P M, HE Y J. Matching supply with demand in supply chain management education[J].The International Journal of Logistics Management, 2016, 27(3):837-861.

失衡带来的负面影响，新西兰行业协会专家 Jeremy Baker 在工业导向的视角下深入研究了职业教育有效供给问题[①]。该项研究的侧重点是从政府引领工业发展的维度探讨如何对高等教育与职业培训进行投资，以提高不同行业和部门的发展潜力。研究还构建了切合新兰西工业体系的职业教育和培训系统。该系统实施后，为新西兰工业发展提供了持续的智力支持，成为许多国家学习的典范。该系统之所以受到许多国家的青睐，主要是因为它能有效解决高等教育和职业培训供应与新西兰工业发展对技能型人才的需求问题。该系统的主要内容包括三个模块：一是与工业有关的职业教育与培训模块，二是跨部门职业教育和培训，三是一般职业教育与培训。

在研究职业教育供给问题上，John R. Graham 等人从刚毕业的求职者的视角来探索职业教育需求与劳动力市场供给的关系[②]。该研究小组应用访谈法开展这项研究，受访对象主要为青年劳动力市场中社会经济地位较低的年轻人。经对访谈原始资料分析得出：①就业机会与求职者的教育背景不相符；②职业教育供给方与成功就业的关系不大。这些发现足以证明职业教育需求与劳动力市场供给之间的错位非常严重。

（三）职业教育需求的相关研究

国外在研究职业教育需求时，多从微观方面着手研究。比如学者 Andrew Chimpololo 选取的研究对象是马拉维的石油工业和制糖工业，考察它们对职业教育的需求。该项研究采用的方法是半结构式访谈、问卷调查和文献法。研究结果表明：研究选取的两个行业对可用的职业技能的要求具有较大差距。研究者还对这两个行业的关键技能进行了分析，认为

---

① BAKER J. Matching supply and demand: industry-led vocational education and training [J].Industry Training Federation,2009,2(5):10-17.

② GRAHAM J R,SHIER M L,EISENSTAT M. Misalignment between post-secondary education demand and labour market supply: preliminary insight from young adults on the evolving school to work transition[J]. International Journal for Educational and Vocational Guidance, 2014, 14(2):199-219.

这两个行业均不存在关键技能，拥有多种技能的技师和工匠的水平有待提高，因此，这两个行业对录用的毕业生的关键技能要有所要求。美国学者也在职业教育需求上进行了有益探索，比如学者 Podesta 从供需两个视角对不同类型职业学院的就业指导教师的需求进行研究，结果发现无论是公立还是私立的学校，就业指导教师的教育背景存在巨大差异；而从需求视角来看，学生对私立学校的就业指导教师更喜欢一些。

（四）职业教育供需影响因素的相关研究

职业教育供需受到多方面因素的影响。外界不确定因素的影响会导致教育供需失衡，如何规避这种影响是学者们共同关心的问题。2014 年，Ghignoni 等人研究了导致欧洲各国学历不匹配的因素，他们检索了许多相关研究的发现：欧洲过度教育非常严重，这主要表现在劳动力的供给特点和工人自己的行为上。该研究列举了 10 个欧洲国家的需求与供给因素对职业教育供需失衡影响的案例，并逐一对其进行了分析，最终得出：拥有新技术创新和创造发明数量越多的国家，对受教育程度越高的劳动力的利用率就越高。也就是说，在国际分工中处于优势地位的国家，其技术因素对职业教育供需失衡的影响力较大；而在国际分工中处于劣势地位的国家，其供给因素对职业教育供需失衡的影响力较大。

二、国内研究动态

（一）农民职业教育供给的相关研究

在乡村振兴的大背景下，我国加大了培育新型农民的力度，但也存在不少问题。比如新型农民的培养由于受到职业教育供需矛盾、受教育成本与预期收益不平衡等因素的影响，致使职业教育有效供给不足，有效需求也没有完全激发出来。顾微微认为：要解决这一矛盾，首先要厘清农民职业教育中的责任分担与利益分享的供需主体；其次要规范农民职业教育，要从招生、培养和就业三个环节上狠下功夫，力求使每个环节的供需矛盾最小[①]。王凤羽等人认为：农民职业教育的供需矛盾主要表现在教育机会的需求与供给、教育经费的需求与供给、教育产品的需求与供给上，正因如此，农民职业教育发展才被"招生难、就业难"等问题所困扰，而要彻底解决这一矛盾带来的连锁反应，就需要从政府角度出台扩大农民职业教育生源的政策[②]。学者徐永清对此表达了不同意见，他认为农民职业教育是非学历教育，是职业技能培训，让广大农村地区的初中毕业生成为农民职业教育招生的主要来源，有悖教育公平原则。农民职业教育发展的初衷是优化农民职业教育有效供给和激发农民职业教育真实需求，只有明确有效供给和真实需求，才能对症下药，彻底解决农民职业教育供需矛盾问题。在农民职业教育成本问题上，因为农民职业教育属成人教育，所以可以采取分摊的形式。教育的本质是培养人，而人具有主观能动性，个人对职业教育需求的程度不一，因而难以用整齐划一的标准要求农民接受职业教育。他们接受职业教育的动机非常单纯，就是提高职业技能，最终实现增收。这就决定了农民职业教育的有效供给要优先满足和引导个人的职业教育需求[③]。

（二）农民职业教育需求的相关研究

许多新生代农民迫切希望能通过农民职业教育获得致富的知识与技能。决定农民职业教育的有两大主体，一是社会，二是个体。王朔认为，决定农民职业教育的社会与个体之间在理论上存在二律背反，具体表现在"目的相悖""内容错位"和"形式差异"上[④]。由于农村传统的乡土习惯，封闭与流动之间的转换会受乡土习惯阻碍，而农民职业教育需求

---

① 顾微微.教育经济学视角下的农村职业教育困境与出路[J].河北师范大学学报（教育科学版）,2011(3):72-77.

② 王凤羽,温涛.农村职业教育供给与需求的经济学分析[J].求索,2013(12):49-51.

③ 徐永清.农村职业教育杂谈之八：中职教育的需求群体分析[J].职教论坛,2015(22):57-60.

④ 王朔.论农村职业教育社会需求与个体需求的二律背反[J].职业技术教育,2017(31):57-61.

也存在长期性、整体性与现时性、差异性的矛盾。

从实践层面来看，影响社会和个体对农民职业教育需求的因素较多。对个体需要的影响因素主要包括农民的文化水平、收入状况、可获取的资源、培训后能起到的效果和社会对职业教育观念的转变。目前，农民绝大部分都完成了九年义务教育，他们对职业教育的需求会随着收入的提高而增加。当然，农民的禀赋也会对职业教育需求产生一定的影响。于欣欣和翟印礼研究发现：影响农民职业教育个人需求的因素为农村家庭收入和个人自身禀赋，影响农民职业教育社会需求的因素为经济发展水平和企业对中职人才的需求[①]。

从社会需求的视角来看，影响农民职业教育需求的因素也不少。于欣欣和翟印礼的研究表明：有56.25%的企业认为农民（接受过中等职业教育）只能在一线从事生产与经营工作，有16%的农业类企业、6%的工业类企业、15%的建筑类企业明确要求不需要农民（接受过中等职业教育）。在服务业中，则没有拒绝农民的现象。由此可知，农民职业教育培养的人才主要聚集在农业类、工业类、建筑类和服务业类的企业，主要岗位是一线工人。

（三）农村职业教育与地方经济发展关系的相关研究

农民职业教育经历了从以"扫盲"为主的提升农民文化程度的教育到现在的以"培养新型农民"为主的提升中国式农业现代化的教育。唐智彬和石伟平认为：农民职业教育的发展对农村经济社会发展外部环境的营造具有"嵌入"特征[②]。这种"嵌入"特征主要体现为它对农村经济与社会发展的依赖性。这种依赖性又是双向的，因为农民职业教育能极大地丰富农民的生产知识，增强生产技能。农民在掌握生产知识和技能

① 于欣欣,翟印礼.农村职业教育的个人需求与社会需求:基于辽宁省的调查[J].农业经济,2015(1):91-93.

② 唐智彬,石伟平.论嵌入经济社会的农村职业教育办学模式[J].职教论坛,2013(13):39-42,96.

之后，就会将其用到致富创业的实践中，这样就能有效地盘活农村经济，促进农村经济社会发展。但在实践中，农民职业教育并没有在农村经济与社会之间发挥"嵌入"作用。具体表现在：农民职业教育不被社会认同、教育培训内容与现实生产脱节、培训方式与农民的学力水平存在差距等。针对上述问题，铁明太认为，改善这些问题需要因地制宜，结合当地的农业产业发展特色提出适切性较高的对策与建议①。李华玲以辽宁省农民职业教育财政投入对农村经济增长的促进作用为研究内容，提出要想增强农村经济发展活力，需要加大对农民职业教育（中等专业层次）的财政投入，同时还要兼顾该地区的人口分布、密度与该地区的教育基础、产业结构发展的趋势等方面。考虑了这些因素之后，建构起来的多层次、多类型的农民职业教育体系才能给农村经济与社会发展注入一股强劲的动力②。

---

① 铁明太.基于促进县域经济增长的农村职业教育发展刍探[J].职教论坛,2014(34):65-68.

② 李华玲.经济相对发达民族地区农村职业教育体系建构[J].职业技术教育,2014(13):57-60.

第二章　农民职业教育供给的理论依据

第一节　人力资本理论

从某种程度上来看，我国推行的精准扶贫也是一种贫困地区人力资本开发工程。只要人力资本充足且质量高，就能持续为区域经济发展提供高质量的智力支持。谈及教育扶贫，显然少不了对人力资本理论的讨论，这是因为两者之间在逻辑上相关性显著。众所周知，人力资本理论是教育事业发展的理论基础之一，而教育是人力资本产出的重要手段。

一、人力资本理论的提出与基本内容

亚当·斯密是最早探讨与研究人力资本的学者，他在多年资本研究中发现，劳动力的质量和数量均能从不同程度上提高产出，获得很多的收益。这一思想最早出现在亚当·斯密的著名论著《国富论》中。他在《国富论》中提出"资财分类"的概念，并指出：社会上的一切能让社会个体学到才能的东西都可视为"固定资本"。从亚当·斯密开始探讨劳动力作为"资本"之后，劳动作为生产的核心要素开始受到欧美学者的普遍关注。在亚当·斯密看来，劳动的娴熟程度需要花时间、精力和一定的财力通过学习才能获得，但这些投入可以得到高额的回报。在论及不同职业之间的工资差别时，他指出：一种需要耗费许多精力和时间才学

会的某种特殊技巧可以等价为一台高价机器。通过这种学习胜任这一职业的人,工作时会期望在获得普通劳动工资之外,很快地收回前期的教育投入,并获得普通利润。技能娴熟的工人的工资与一般工人的工资之间的差异就来源于此。

后来经济学家舒尔茨开始尝试用实证的方法来论证前人的思想。他从宏观角度研究教育对经济的贡献值,结果发现:劳动力的收入高低与其智力高低、技能娴熟呈正相关。据此,舒尔茨首次提出"人力资本"的概念,并在前人研究成果的基础上,结合自己多年的研究系统阐述了人力资本理论。他在其著作《论人力资本投资》中明确指出:人力资本,实质就是沉淀并固着在人身上的知识和技能,之所以将这种资本冠以"人力",是因为它可以带来满足和收益,故将其称作"资本"。他在系统构建人力资本理论之后,对人力资本的形成进行了系统阐述。在他看来,人力资本的形成与人的学习能力有必然的关系。如果要得到高质量的人力资本,就需要对其进行投资。在分析人力资本投资内容时,舒尔茨认为,人力资本投资主要包括以下五个方面的内容:①医疗和保健,从广义上讲,它包括影响一个人寿命、力量强度、耐久力、精力和生命力的所有费用;②在职人员培训,包括企业所采用的旧式学徒制;③正式建立起来的初等、中等和高等教育;④不是由企业组织的那种为成年人举办的学习项目,包括那种多见之于农业的技术推广项目;⑤个人和家庭适应于就业机会的迁移[1]。值得一提的是,舒尔茨认为人力资本投资一经使用,就会在人的整体职业生涯中长期发挥作用。简而言之,就是提高劳动者综合素质会在很长时期内对经济增长作贡献。舒尔茨的人力资本理论最突出的特点是强调人力资本对经济增长的贡献值要比物质资本大得多。此后,舒尔茨将自己的研究重点转移到教育投资与经济增长的关系上,为了更好地研究两者的关系,他将促进经济增长的资本分为两大类,即物质资本和人力资本。物质资本,前人研究得很透彻,因而舒尔

---

① 西奥多·W.舒尔茨.论人力资本投资[M].吴珠华,等译.北京:北京经济学院出版社,1990:9-10.

茨在研究中并没有对物质资本进行更深的定义。他在对人力资本进行定义时指出：人的知识、能力、健康和情感等人力资本的提高对经济增长的贡献值要比物质和劳动力数量的增加大得多。在他看来，知识与技能具有特定的经济价值，它是一种资本新形态。在西方国家，在舒尔茨揭示人力资本的价值之前，人们只重视物质资本。现代经济发展模式已经从粗放型向集约型经济发展，因此，单纯依靠自然资源和人力劳动是无法满足现代经济发展需要的，必须提高蕴含在劳动力身上的除体力之外的要素，比如智力要素。他预言，随着生产的科技含量的不断攀升，对人的智力要素依赖会越来越高，并会以此替代原有的生产要素。也就是说，人力资本会随着科技的不断发展与应用成为生产过程中各要素中最为重要的，在经济发展中起着相互替代和补充作用。事实证明，舒尔茨的预测是完全正确的。

在亚当·斯密之后，除舒尔茨之外，还有很多西方经济学家将研究重心投向人力资本。马歇尔在其论著《经济学原理》中提出了他对人力资本的主张。他认为，培养和培训有工作能力的劳动力需要长时间的投资，不管是谁投资来帮助工人提高本领，这种本领的所有者都是工人。尽管人力资本投资在所有投资中最有价值，但由于投资者得不到回报，所以投资者对人力资本投资并不积极。那么谁是最好的人力资本投资主体呢？马歇尔认为政府是最佳人选。当然，一些公司通过契约的方式也开始尝试人力资本投资。

在探讨哪种人力资源投资回报率高时，马歇尔明确指出，有两种方式可以作为人力资本投资的最佳手段，一是普通教育，主要是培养劳动者的一般能力，即作为社会人应具有的一般知识和智慧；二是职业教育，主要是培养劳动者从事某一职业的专门能力，这种能力是胜任特定产业中的特定岗位必须具备的专业知识与职业技能，专业知识的多少和职业技能的娴熟度直接影响人力资本对经济发展的贡献值。随着人们对人力资本投资的理解与接纳，很多企业开始重视人力资本投资。一是因为生产工具的高科技化，操作这些生产工具需要更高职业技能的工人；二是企业认识到了人力资本对企业竞争力提升的意义。马歇尔指出,教育对经济的贡献体现为间接的、非货币形式的利益,比如工人良好的生活风格和工作习惯均是企业的无形资本。教育是人力资本产出的最有效手段,但其回报具有滞后性,且不是货币形式,因此,教育应由国家来投资。

在马歇尔之后,人力资本研究开始转向综合研究,卢卡斯就是综合研究的杰出代表。他将舒尔茨的人力资本与索罗提出的技术进步结合起来研究,建立人力资本积累与溢出模型,并从技术进步视角重新定义了人力资本。他认为,人力资本是专业化的人力资本,是保证经济持续增长的源泉。他还指出,非系统的教育学到的知识(边工作边学到的知识)只能作为资本的外部效用,鉴于此,可以将劳动力划分为"纯体力"的有形资本和表现为"知识与技能"的无形资本,两者虽都沉淀在劳动力身上,但两者有着本质区别,不可相互替代。

梳理和归纳西方经济学家关于人力资本理论的研究成果和主要观点,可得出以下四点共识:

(1)西方学者的人力资本理论的研究视角与其所处的社会形态密切相关,因而他们开展的研究是从资本的价值形态方面来探讨生产要素中的人力资本。在他们看来,人力资本只是资本要素中的一种,是由于科技的不断进步才让人力资本脱颖而出,成为生产要素中最为重要的一个,它有别于机械、设备等物质资本,是沉淀在人身上且同物质资本一样可以带来巨大收益的一种资本。

(2)舒尔茨和卢卡斯等学者的研究逻辑是以生产力发展以及生产力运行机制为路线的,通过实证分析得出人力资本对经济增长的贡献值要比物质资本大。同时他们还指出,人力资本并不是像物质资本一样,投资一次就对经济增长发挥一次作用,而是投资一次人力资本,其对经济增长作贡献的时间跨度是劳动力的整个职业生涯。因此,他们认为重视人力资本投资是值得的,这一研究结论为世界各国重视教育投资提供了理论依据,尤其是投资高等教育和职业教育。

(3)以舒尔茨和卢卡斯为代表的西方学者的研究均得出相同的结论,

那就是对经济增长作贡献的人力资本是通过开发劳动力的智力来提高他们的动脑和动手能力，并使两者趋向统一。这种智能提升也可以被称为"专业化的人力资本"。由此可推断：经济发展是以提高全体劳动者的专业技术水平和学习技术技能来实现的。提高劳动娴熟程度的农民职业教育对一国经济发展的作用是巨大的，因为农业是立国之本，农业没有搞好，工业发展就会后劲不足，进而影响现代服务业的发展。因此，一国经济要想持续保持强劲的发展动力，通常农业不可或缺。

（4）舒尔茨和卢卡斯等学者研究人力资本的目的很直接，也很简单，那就是找出影响经济增长的因素，区分这些因素中哪些是促进经济增长的，哪些是阻碍经济增长的。在研究过程中，他们发现，人力资本并不与其他资本共同影响经济增长，而是作为一个独立的要素参与到经济生活中。

二、马克思关于资本的本质的论述

人力资本理论是由舒尔茨提出的，他还对人力资本理论进行系统阐述，并得到了西方学术界的普遍欢迎和认可，因此，后人尊称舒尔茨为"人力资本概念"之父。虽说舒尔茨提出的人力资本理论是当时资本研究的一大进步，但由于研究者的历史局限性，并没有深入资本的本质中，只是从微观经济学视角探讨人力资本的作用，而以马克思为代表的政治经济学家对资本的有关理论提出了自己独特的观点。

马克思在全面研究资本主义经济学家的研究成果之后，从政治视角探讨经济问题，他在研究"资本"的属性时指出，只有那些具有价值的劳动产品才有可能成为资本。而那些参与生产过程的要素，不能认定为资本，比如土地等。马克思洞察了资本的属性，指出资本是一种特殊社会生产关系的体现，从此开启了对剥削与被剥削的关系的深入研讨。他在其巨著《资本论》中就全面且深入地阐述了资本主义生产方式下，货币通过转化成为生产资本的过程。货币本身不具有资本的属性，只有当资本家将其应用到剥削工人创造的剩余价值中时，货币才转化为资本。

他明确指出，在资本家应用资本剥削工人创造的剩余价值时，是将资本当成一种商品，或是把资本当成能生产出新的物质的要素，让其与各类物质资本相结合之后，就将价值或是物化了的劳动转化为资本，为资本家投入的资本增值。通过上述分析，马克思揭露了资本主义生产的本质，即为了获得剩余价值。由此可以推导出：假如一个物品或是生产手段不是通过支配雇佣劳动者的劳动获得剩余价值，那么它就不是资本。那么什么是资本呢？就是能带来剩余价值的价值①。在考察剩余价值产生的奥秘时，马克思指出，剩余价值产生是以雇佣劳动者为前提的，由于雇佣劳动者被剥夺了其他一切生产资料，除了出卖自己的劳动力来获取维持基本生计的报酬之外，别无生存之法。在资本主义生产中，资本家用买来的劳动力和其他物质资本结合在一起，创造出更多的剩余价值。由于劳动力为资本家占有，那些由雇佣劳动者创造的剩余价值当然被资本家占有。形成资本是有一定条件的，并不是所有的货币或价值都能成为资本，转化为资本的前提条件是单个货币所有者或商品所有者手中有一定的最低限额的货币或交换价值。据此逻辑，可以说明劳动者所获得的一般工资收入，只是劳动者创造的剩余价值中的一小部分，只够维持劳动者家庭的最低生存需要。而资本家获得的剩余价值是以货币的形式体现，这些货币需要达到成为资本的下限才能成为资本，否则就不能成为资本。

我们可以将劳动力理解为人身体的一种功能，它是存在于人身体中的，每当人要创造某种使用价值时，就会运用这种蕴藏在人身体中的体力与智力的总和。马克思提出的劳动力的体力与智力的总和相当于卢卡斯提出的表现为"体力"的有形资本和表现为"知识与技能"的无形资本。所不同的是，马克思认为体力与智力只是劳动力的重要组成部分，而非卢卡斯所说的是人力资本的全部。马克思认为，劳动力或是劳动能力是人的本质属性，要想改变一般人的本性，使其身体蕴藏更多的体力和更高级的智力，就需要对其进行教育培训。这也是马克思关于职业培

---

① 丁冰.中国经济热点问题研究[M].北京:中国经济出版社,2010:19.

训的最早诠释。显然，教育与培训需要花费一定的商品等价物，它是包含在生产劳动力所耗费的总价值中的。在马克思看来，人的劳动技能，尤其是人劳动的高级技能是通过教育培训得来的，教育培训费用是包括在劳动力价格（工资）中的，其实质是工人自己支付教育培训费用，但从外部表现上看是作为资本的预付形式，由此揭露了资本家是不会为工人教育培训买单的。马克思的这种观点与西方人力资本理论中的人力投资成本是由劳动力未来收入来补偿的观点是相似的，所不同的是，马克思揭示了资本家让工人接受教育培训不是为了工人自己的发展，而是为了资本主义生产的需要。换句话说，是资本家为了获得更多的剩余价值。

综合以上马克思关于人力资本本质的分析，我们可以得知：

（1）马克思是在资本运作过程中来分析资本的本质的，他指出，资本是在生产过程中创造出来的剩余价值的价值。换言之，资本是不断地在运作中谋求自身价值增值的价值。这与舒尔茨从资本价值形态上来定义人力资本是有本质区别的，主要源于两人的分析角度不同。

（2）马克思将资本置于资本主义生产关系中进行全方位分析后认为，资本不仅仅是在不断运作中谋求自身价值增值的价值，同时它表现了一种资本主义社会特殊的生产关系，那就是资本家剥削雇佣劳动者创造的剩余价值的关系。马克思旗帜鲜明地揭露了资本主义剥削的实质。

（3）从马克思论述资本本质的各种思想中不难看出，他分析资本本质的目的是揭示资本主义社会的基本矛盾。这与舒尔茨和卢卡斯等人的研究目的是不一致的：前者是揭露剥削的真相，唤醒工人阶级；后者只是论证人力资本是影响经济增长的重要因素。

但是马克思和其他西方学者在研究人力资本时并不是没有相同的地方，比如他们都认为智力、技能和知识等因素对经济增长具有促进作用，同时也认同教育培训是提高劳动者智力、技能和知识的重要手段。这为发展职业教育提供了重要的理论支撑。

三、人力资本理论指导下的农民职业教育的混合供给

马克思和其他研究人力资本的学者均认为教育能提高劳动力的智力水平，并以此来推动经济增长。农民职业教育是提高农民智力水平的重要手段。何谓农民职业教育呢？简而言之就是在普通教育的基础上有针对性地、有目的地满足社会对人才的需求而对农民实施的，旨在提升他们从事农业生产或是非农就业能力的技术技能教育与职业道德教育。随着农业科技的不断发展和推广应用，从事农业生产的劳动力数量会越来越少，农村剩余劳动力需要向城市转移，所以农民职业教育的目的有两个：一是培养继续从事农业生产与经营的农民，二是帮助农民提高非农就业能力。总而言之，农民职业教育就是为社会培养执行型人才，一部分农民会因为农民职业教育获得从事农业生产与经营的专业知识和技能，提高农业生产产出，进而提高农业生产率；另一部分农民通过农民职业教育获得非农就业所需的技术、知识和技能。农民通过教育获得的知识和技能等，是他们在未来从事农业生产经营和非农就业中获得高收入的资本。从上述逻辑中可以看出：农村人力资本的形成可以提高物质资本、资金和技术投入的使用率。换言之，农民经过教育培训后形成的人力资本能让过去同样多的物质资本、资金和技术投入获得更多更高质量的产出，同时，它还能引导下一轮的物质资本、资金和技术的投入，使产出的量持续增加、质持续提高。

提出技术进步模型的经济学家罗默认为，技术进步是驱动经济增长最为重要的因素。他在建构技术进步模型时将用于生产的各种投入分为四类，即物质投入、非技术投入、人力资本和技术发展水平。他认为专业知识实质是技术进步催生的结果，由于专业知识具有"内生效应"，所以人力资本投入生产就会形成技术垄断，企业就能利用技术上的垄断优势获得垄断利润。企业因为尝到了人力资本提升的甜头，就会进行下一步人力资本和技术研究的投入，这种良性循环就是人力资本积累与技术进步内循环驱动机制，它对经济增长的作用是持续的、高效的。

政府加强农民职业教育的目的就是加速改变农民的知识与能力结构，提升他们的综合素养，使得农村劳动力的使用更趋合理、更高效。根据罗默提出的技术进步模型理论，这时不用增加劳动投入量和其他资本量就能实现产出量的扩张和质的全面提升。罗默的研究结论为政府、社会和企业投资农民职业教育提供了理论支持。从农民自身发展视角来看，农民职业教育是专门针对农民发展而进行的，旨在提高他们的职业技能和发展能力，因此它能有效地提高农民应用技术的水平，同时还能让农民的职业技能与专业知识符合企业发展的要求。当企业录用这些农民（进城务工）时就可以提高生产效率，企业也因此获得更高利润。农民职业教育是符合企业发展需要的，也能帮助企业获取更高额的利润，所以企业也应当投资农民职业教育。

崇尚"理性经济人"的企业认为，投资农民职业教育与其追求利润最大化是一致的，农民职业教育能帮助企业在不增加劳动力和其他资本量的情况下获取更多的利润。值得一提的是，加大农民职业教育投资能极大地促进人力资本的积累，这并不仅仅是因为农村劳动力质量的提升，同时也是现有人力资本水平的提升。劳动力在质上的提升可以促成某种商品生产技能成为另一种商品生产基础的"知识外溢"，最终加快后一种商品生产需要的人力资本形成的速度。在经济生活中，人力资本的总体趋势是递增的，这是因为教育已经完成了由"精英式"教育向"大众化"教育的转变，尤其是农民职业教育也实现了大众化，使得农村人力资本生产规模效应突显，农村人力资本成规模地积累，提高了全社会的人力资本规模，对经济增长的作用是不可估量的。

根据西方人力资本理论的观点可知：当人力资本总趋势是递增的，就可以突破由那些非技术劳动力和物质资本导致的边际产出递减的规律限制，经济增长的最后一个壁垒就此清除。

人力资本投资是一项对各方都有益的投资，无论是对劳动者、企业，还是对社会来说，都是一种具有预期收益的投资。人力资本投资可以作为生产预付资本而存在，其投资主体应包括劳动者、企业和政府等，投资主体应是多元的，尽可能吸引更多的社会资金参与教育投资，尤其是投资那些与经济与社会发展所需人才切合的职业教育项目。人力资本理论为混合投资主体投资农民职业教育提供了重要的理论支持。

第二节　公共产品理论

公共产品理论是新政治经济学的一项基本理论，其职能包括正确处理政府与市场关系、转变政治职能、构建公共财政收支、使公共产品服务市场化等。

19世纪末，奥地利和意大利学者在财政学研究中采用了边际效用价值论，以此来论证政府与市场经济总体运行的互补性。系统化理论和边际效用价值理论在财政学领域中的应用成果成为公共产品理论的重要基础。1919年，出现了第一个公共产品理论的成果——林达尔均衡。林达尔通过大量的实证分析得出：公共产品的价格并不取决于政治选择机制和强制税收，而是按照社会成员的个人意愿确定，社会成员会按这个价格来决定购买公共产品的数量。处于均衡状态时，这种定价能保证社会每个成员需要的公共产品相同，并与应向社会供给的公共产品数量保持一致。因为个人购买并消费的公共产品总产量是按上述定价供给的，所以其价格恰好是社会个体支付公共产品的价格总和。

萨缪尔森在1954年和1955年先后发表两篇有关公共产品研究领域的论文，即《公共支出的纯粹理论》和《公共支出理论的图式探讨》。他在论文中提出了一些能解决公共产品理论核心问题的方法与策略，比如，如何用分析方法定义集体消费产品，怎样描述生产公共产品所需资源的最佳配置的特征，等等。此外，萨缪尔森在《公共支出的纯粹理论》一文中创造性地对公共产品进行定义。在他看来，公共产品是一个社会成员对这种产品的消费并不减少其他社会成员对这种产品的消费的产品[①]。

在1956年蒂鲍特发表了一篇题为《一个地方支出的纯理论》的文章

---

① 张馨.西方的公共产品理论及其借鉴意义[J].财政研究,1991(11):35-37.

之后，就出现了大量研究地方公共产品的文献。所谓地方公共产品指的是一些公共产品只有居住在特定的地区的人才能享用，要想消费这一公共产品，个人可以通过迁居形式来实现①。此后，布坎南在"俱乐部的经济理论"中提出了"非纯公共产品"（准公共产品）概念，这是学术界首次探讨准公共产品②。布坎南将公共产品的概念加以拓宽，并认为只要某个特定的组织或是集体决定为了某种原因通过集体组织提供某种物品和服务，这种物品和服务就成了公共产品。同年，贝冢在公共产品理论研究中引入"公共产品要素"这一概念，从此，开启了公共产品要素研究的先河③。1973年，桑得莫发表了题为《公共产品与消费技术》的文章，主要从消费技术视角探讨了混公共产品。这里所说的混公共产品，实质是准公共产品。在研究准公共产品初期，对这一产品的定义并未在学术界上达成共识，因此，这一时期的研究中准公共产品的别名特别多④。20世纪70年代之后，公共产品理论趋向成熟。

前文大致梳理了公共产品理论的发展路径，以及在公共产品理论不同研究时期的代表人物，从中不难发现：西方经济学家非常重视公共产品理论研究，这不仅仅是因为公共产品是市场失灵研究的一个极其重要的领域，更是因为它是政府用来弥补市场失灵而进行的资源配置最佳方式。同时，它也可以明确公共产品在市场经济体制的供给范围，是政府公共财政支出的依据。

在计划经济时代，我国对教育服务这种公共产品是以"大包大揽"的方式供给的，由于教育资源始终处于短缺状态，因而这一时期的全民

---

① 李盼道,徐芙蓉.公共产品供给的理论逻辑与实践[J].西安石油大学学报(社会科学版),2019(4):15-27.

② 李盼道,徐芙蓉.公共产品供给的理论逻辑与实践[J].西安石油大学学报(社会科学版),2019(4):15-27.

③ 刘寒波,李晶,柴江艺.公共服务空间溢出及其对要素流动的影响[J].财政研究,2014(4):22-25.

④ 郑家昊,李庚.准公共产品负外部性有效治理的政府责任及工具创新:以共享单车为例[J].天津行政学院学报,2018(2):3-10.

受教育水平并不高。随着我国经济体制改革，全面建立了以市场为主导的市场经济体制，在这种条件下，高等教育实现了由"精英教育"向"大众教育"的转变。

在计划经济时代，农民职业教育没有得到足够的重视，且落后于经济建设，成为我国经济发展的绊脚石。为了改变我国农民职业教育落后的局面，首先要精准理解农民职业教育产品的属性，分析其个性、有效供给方式和外部性，随后在此基础上研讨政府如何指导农民职业教育，提高农民职业教育的有效供给，进而提高农民的综合素质，为农村经济增长提供持续的智力支持。

一、公共产品的概述

（一）公共产品的含义、分类

国内外经济学界普遍认同导致市场失灵的原因是多元的，是多种原因综合作用的结果。财政理论界经过大量的研究证明，公共产品可分为两大类：一类是纯公共产品，另一类是准公共产品。纯公共产品指的是没有排他性和竞争性的产品，这是相对于私人产品的排他性和竞争性而言的。事实上，私人产品的排他性和竞争性与其性质有着密切的关系，排他性与私人产品明确的产权关系相关，这种产权关系决定了所有者对私人产品的一切权利。竞争性指的是随着私人产品的消费人数的递增，而引起的该私人产品的边际成本递增，使私人产品求大于供。在这种情形下，私人产品是以竞价的方式取得，有一部分人因为消费不起而被排除在该产品之外，这就是说私人产品是有市场供给条件的，是以市场价格信号进行自发引导资源有效配置与利用的，而生产私人产品的成本可以从私人产品的价格中得到弥补。

相对于私人产品来说，纯公共产品也有两个特征，一个是他人使用成本不会高，且技术上是可行的，因此，无法排除"搭便车"现象的产生①。简单地说，就是非排他性。另一个是公共产品消费层面上的非竞争性，其实质是随着消费该产品的人数的增多其边际成本也不会增加，社会成员享用该产品时不会影响其他成员享用。比如说气象预报、航海灯塔和路灯等，就是非常典型的纯公共产品。关于纯公共产品的供给，学术界普遍认同是由政府提供，但政府提供的方式应不拘一格，突出多样化。比如，除了政府自己生产并提供给社会成员，也可以由私人生产，政府采购的方式向社会成员供给。无论采用什么供给模式，都会产生成本，这种成本的补偿方式可以是征集和募集。

　　如何确定准公共产品呢？从定义上来看，就是指具备公共产品两属性之一的，且另一属性不明显或不突出的但具有外部性的产品。它是介于纯公共产品与私人产品之间的一种产品。此外，在公共产品理论中，还有一个概念易与准公共产品混淆，那就是混合公共产品。区分准公共产品与混合公共产品的标准是不一的，因此时常有人会混淆两者的区别，并认为两者是指同一个事物。学术界普遍认同的混合公共产品判定标准是，看产品是否具有正外部性或是本身是否同时具有公共产品与私人产品的属性。混合公共产品从种类上来看，也分两类。一类是具有排他性且在特定范围内不具有竞争性的产品，比如图书馆。某高校的图书馆具有排他性，非本校的师生不是它的服务对象，但是本校的师生都是图书馆的服务对象，在本校范围里，不存在竞争性。需要指出的是，这类混合公共产品最大的特点是它的非竞争性有饱和临界点，当未达到饱和临界点前，不会因为增加消费者而递增成本，若达到饱和临界点时，增加消费者就会影响到其他消费者享用该公共产品，这时该产品就具有明显的排他性。另一类是不完全具备竞争性和排他性的产品，比如教育，它最大的特点就是有非常大的外部性。从公共产品消费范围的维度来分析，公共产品又可分为全社会共同消费的公共产品和地方公共产品②。

　　在探讨公共产品概念时，我们可以对照西方经济学家萨缪尔森对公

① 顾晓焱.农村公共品供给模式研究[M].武汉:武汉出版社,2012:12.

② 黄恒学.公共经济学[M].北京:北京大学出版社,2002:65.

共产品的定义加以分析。萨缪尔森认为，任何一个社会成员对公共产品的可得性都是相同的，且与其消费私人产品无任何关系。从这个逻辑上来看，萨缪尔森定义的公共产品是全社会成员能同时消费的公共产品。而在现实生活中，绝大多数的公共产品都是在一定地域范围居住的人才能消费，个人要想消费某一地区范围内的公共产品，只有通过迁徙到该地区才能获得消费的权利。比如优质的生活居住环境、便利的交通和独特的自然风光等。由此可以推断，环境、自然资源是一种地域性非常明显的公共产品。

（二）农民职业教育的产品属性

无论是国外学者，还是国内学者，大家都愿意将教育归类为准公共产品，因为它符合准公共产品的所有特点。前文已经提到农民职业教育指的是针对农民实施的，旨在提高农民职业技能与职业道德的教育，它具有三大特点，即职业性、技能性和专业性。农民消费职业教育这种公共产品的目的就是要获得从事某一职业的技术、技能和相应职业道德，实质是在自身现有技术与专业水平基础上的提高。职业教育这种公共产品，对于消费者来说，其直接效益非常明显，主要体现在就业机会的获取和工资水平上。这类公共产品具有一定的排他性。因此，就农民职业教育的特征来看，它更偏向私人产品。

从社会整体生产力提高的视角来看，劳动者的技术、技能、知识的获得对社会生产收益递增和社会生产规模扩大的现实意义是非常大的。但这部分利益对于消费这种产品的受教育者来说，是不能直接享用的。由此可以推断：农民职业教育带来的利益只能被消费这种产品的受教育者所有，其带来的利益是可分的，也就是说，农民职业教育也具有私人产品的特征。

受教育者的技术、技能和能力提升能提高社会整体生产力，因而它能为全社会带来效益，也就是说，农民职业教育的外部性是可分的，这时它又具有公共产品的特征。

通过上述分析，我们不难发现：农民职业教育是介于私人产品和公共产品之间的一种准公共产品。

（三）农民职业教育的外部性

不仅我国学者非常关注公共产品的外部性，西方学者对公共产品的外部性也给予了非常多的关注。西方学者普遍认为，外部性是公共产品的"外溢性"和"外部效应"。"外溢性"具体表现为一个经济主体的行为对其他社会成员产生了有益的或有害的影响，而这个经济主体却不能获得利益。比如这个经济主体的行为对其社会成员和整个社会是有益的，而受益者不需要支付任何费用，这种外部性叫作正外部性或外部经济。假如这个经济实体的行为对其社会成员和整个社会有害，造成这种有害影响的行为人无须承担任何责任和成本，这种外部性被称为负外部性或外部不经济。国内外学者都认为经济主体的行为对其他经济主体或其他社会成员的影响不是直接的，同时，这种行为是行为人主观上无法控制的，这就决定了这种行为不能通过市场交易为收益付费，当然，受害者也无法通过市场交易得到补偿。因此，价格体系对这种行为的控制是无能为力的。

私人产品的外部性指的是厂商或是个人的自利行为的附带产品，它与厂商或与个人的自私行为是密不可分、共同生长的。对于厂商和社会个人来说，只要存在有通过自私行为获得的利益存在，私人产品的外部性就会被提供。

公共产品的外部性最大的特点是能同时向不同的经济实体或社会成员提供受益的机会，不受数量的限制。前文已经论述了公共产品本来就是具有外部性的产品，一般来说，社会个人或厂商从公共产品中获得的利益相对于这种公共产品提供的成本来说，只能产生反向激励。当这种公共产品对厂商和社会个人有利时才会主动提供，否则，就不会主动提供这种公共产品。

在分析外部性之前，我们必须明确：外部性存在是以私人成本与社会成本之间和私人效益与社会效益之间的差异为前提的，倘若不存在私人成本与社会成本差异以及私人效益与社会效益差异，就不会产生外部性。就某个特定的经济行为而言，在外部性不存在的情况下，私人成本与社会成本是一致的，私人效益与社会效益也不会产生冲突。当外部性不存在时，边际社会成本（MSC）等于边际私人成本（MPC）与边际外部成本（MEC）之和。即

$$MSC = MPC + MEC$$

若外部性为负，则有边际外部成本。而当外部性为正时，则有边际外部收益，且边际社会收益（MSB）为边际私人收益（MPB）和边际外部收益（MEB）之和。即：

$$MSB = MPB + MEB$$

农民职业教育的目的是提高农民群体的技术、技能、专业与职业道德水平，从而提高社会整体生产力。将其置于消费视角下分析，受教育者首先要为消费这种产品支付私人成本，比如学费、资料费、学习期间的生活费、学习工具费等，此外还应包括因接受教育不能去工作的间接成本和机会成本。接受教育也是一种实践活动，还需受教育者付出相应的时间、精力和体力等，这部分成本也属于受教育者需支付的私人成本。接受农民职业教育由于没有负外部性，所以私人成本与社会成本是一致的。受教育者接受了农民职业教育，因此而获得私人收益，这种收益不会以货币形式呈现，而是表现为更多更好的就业机会、因技术和技能的提高获得的更高报酬和更优质的工作环境等。社会收益的表现形式是受教育者因接受教育成为高素质的技术应用型人才，在社会生产的各产业中将自己的技术、技能和优质的职业素养融入社会生产各个环节中，通过增加产出的数量和提高产出的质量以提高社会生产效率。就农民职业教育自身而言，它能为社会产业各个部门提供技能娴熟、专业知识扎实的技术应用型人才，能帮助所有受教育者提高生产能力，形成社会生产的规模效应，驱动整个社会的生产力大幅提升，这时其边际外部效益等于边际社会效益与边际私人效益之差。

二、公共产品的有效供给分析

通过前文的分析与论述，我们已经知道农民职业教育既非纯公共产品，也非私人产品，它是介于两者之间的准公共产品。根据它的属性，我们可以推定：这种产品既可以是政府来提供，也可以由市场来提供。当然也可以有第三种提供方式，也就是政府和市场共同提供。究竟采用哪种提供方式，各地可以根据地方的具体实际，择优确定。如何评判哪种提供方式最优呢？一定要有一个科学的评判标准。在公共经济学中，探讨资源配置的最优标准，就要用到"公平"与"效率"两个常用概念。

（一）关于教育资源配置的公平与效率

1.教育公平与效率的内涵

教育是改变人类命运的重要手段，在争夺这一能改变自己命运的公共产品时，不同的社会个体会使尽浑身解数，拼命争夺。随着人类社会不断进步，教育公平渐渐被人们所关注，由此，我们可以说，教育公平理论是在人类对人权平等追求实践过程中不断丰富和完善的。教育公平，在西方学术界被叫作社会成员接受的教育机会均等，其中最具代表性的观点是美国学者科尔曼提出的"结果的平等"和瑞典学者胡森提出的"教育机会均等"，两人均认为社会成员具有平等地享用教育资源的权利以及由此而带来的教育机会均等。由于教育资源存在地区差异，他们也十分重视通过调节补偿性教育政策来弥补教育资源分配的不公平性。

美国经济学家格林在自己多年研究社会公平的基础上，基于科尔曼的"结果的平等"提出了"平等与最善"原理。在他看来，"平等原理"指的是社会所有成员在最低限度上享有与其他人获得同等程度的优质教育权利，"最善原理"则是指社会所有成员都能享有对其本人来说最好的教育权利[①]。罗尔斯认为，研究公平问题一定要置于权利和义务框架中，

[①] 姚大志.民主的平等：从基本善的视角看[J].四川大学学报（哲学社会科学版）,2018（1）：65-71.

由此他提出了公平三原则，即平等自由原则、机会均等原则和差别原则。在他看来，社会要健康平衡地运行，就一定要公正平等地分配社会成员的权利与义务，对于社会发展中产生的利益和负担也可公平地分配，除此之外，还要坚持社会中不同职务和地位向所有人开放。当然公平也有例外，对于那些在社会发展中获利较少的，是允许给予一定的倾斜性补偿的。这种不平等分配，对于社会整体来说是有益的。由此，罗尔斯总结说：任何组织或个人如果不以一种有利于最少受惠者的方式谋利，那就不可能获得比其他组织或个人更好的生活。该研究结论为各国扶贫工作奠定了理论基础，也为世界反贫困实践提供了丰富的理论养分。

再把视线投向国内，我国教育学术界曾于2000年11月23日—11月27日在苏州召开了中国教育学会中青年教育理论工作者专业委员会第10次年会，会上学者们主要探讨了"转型时期的教育公平问题"。本次会议认为教育公平应定义为公民能够自由平等地分享当时、当地的教育资源的状态①。除此之外，本次会议还达成了多项共识，其中最重要的是要把教育公平落脚点设在公共教育资源的分配和享用上。相比之下，西方学术界对教育公平的研究更多，给出了不同的定义，但他们由于立场的局限性，一直未能从公共教育资源分配和分享中研究教育公平。

效率本义是单位时间内完成的工作量。在物理学、工程学中，它指的是机械、电器等工作时有效输出量与有效输入量的比值。随着学科融合形势不断发展，效率又被引入教育领域，用来研究教育投入与产出问题。所谓教育投入，指的是一个国家或一个地区用于本国或本地区教育行政事业中的各类资源的总和。而教育产出相比教育投入要丰富得多，它是指人才或是教育通过提高全社会劳动者的知识、技能和能力给全社会带来的附加值。也有学者认为教育应属于现代服务业，所以教育产出实质就是教育者向受教育者提供的一种服务。那么，教育产出具体包括哪些内容呢？教育产出有两类：一类是直接产出，即各级各类学校培养

---

① 钱志亮.关于教育公平问题的探索:中青年教育理论工作者专业委员会第10次年会综述[J].中国教育学刊,2001(1):61-62.

的各种不同熟练程度的劳动力和专门人才；另一类是间接产出，是指这些劳动力和专门人才投入社会经济活动之后，由于劳动力素质的提高引起的社会劳动生产率的提高和国民收入（或国内生产总值）的增长①。无论是哪一种定义，在经济学领域中，教育投入和用于社会生产的其他投入一样，均是追求以最小的投入换取产出最大化，能达到这一目标的资源配置就是最佳的。

如何才能实现教育资源最佳配置呢？国内外学者在对资源配置效率的评价标准上有很多研究成果，其中最具代表性的当数福利经济学的帕累托效率。福利经济学家帕累托提出：当一种资源配置在任何可行的调整中都无法促进人类社会的发展，也不会导致人类社会的倒退时，那么这种资源配置就可称为帕累托最佳（即帕累托效率）。现当代，帕累托效率广泛应用于评判资源配置状态好坏上。在使用过程中，福利经济学也对其进行了分类，即将其分为生产效率、交换效率和组合效率三种。按福利经济学的研究逻辑，教育的生产效率指的是在教育资源增加的情况下，实现教育产出最大化，达到没有教育资源闲置和浪费。而我们通常所说的教育效率实质就是教育生产效率。有学者指出：这个概念会诱导人们过于重视教育产出，而淡化教育投入。其实在实践中，产出最大化的标准并非都是合理的，目标过于功利性往往不利于教育的发展。比如追求高升学率、重文轻理、重理轻实等。教育价值的实现只有通过人才回归社会才能完成，一方面教育能帮助人实现自我价值，另一方面它能满足社会对人才的需求。教育培养出的人才要经得起社会的检验，实质就是培养出来的人才要满足社会需求。评判是否满足，可以通过劳动力市场交换来实现，如果人才在劳动力市场供不应求，说明人才满足了社会需求，反之，则不满足。由此又引出了教育的交换效率。何谓教育的交换效率？它是指在教育资源不变的情况下，资源配置能最大限度地满足社会对劳动力和人才的需求。受过教育的人能最大限度实现教育的高回报率，譬如高校培养出来的人才能最大限度满足社会经济发展的需求。

---

① 教育大辞典编纂委员会.教育大辞典：第6卷[M].上海：上海教育出版社，1992：326.

组合效率，同样是在教育资源不变的情况下，教育产出和教育需求不是单纯由政府来决定的，而是由受教育者的兴趣爱好、愿景以及劳动力市场的供求关系决定的。教育资源配置要让教育产出、教育供给和教育需求三者在最大限度上实现均衡，只有这样才能达到教育资源最佳效率。

萨缪尔森曾多次强调，经济学研究可以根据实证分析的方法来确定经济发展所能产生的"生产可能性边界"，但这个边界处于哪一点为最佳，有赖于根据社会经济运行的具体实际进行价值判断。在这一点上，阿罗也表达了相同的观点，他倡导的"不可能性定理"的主要观点是社会福利函数理应包括一定的社会价值判断，这种价值判断实质就是资源配置状态评价，主要包括经济效率和社会效率的评价。

在教育领域，教育的经济效率可以理解为从纯经济学视角来分析教育资源的利用状况。通俗来说，它就是在社会条件不变的情况下，获取同样教育成果需要占有或是耗费的教育资源的多少。而教育的社会效率，则不能单单从纯经济学视角来考虑，而是要从促进社会进步的高度去权衡，考察教育的社会效率就是考察教育在提高社会成员的整体福利水平中的作用。教育除了经济功能，还具备政治和文化等社会功能。教育的社会功能的实现方式是培养有利于社会进步的各级各类人才。教育的经济功能直接表现在提高劳动力的劳动效率上，实质是劳动力的再生产，更是科学技术的再生产，它能有效地缩短劳动时间，提高生产效率，驱动产业和生产结构优化升级，帮助劳动者养成适合现代经济发展的理念、态度和行业习惯。教育的政治功能则表现为能在全社会中传播一定社会政治意识形态，培育从事精神文明建设的人才，促进国家政治稳定，陶冶社会成员的思想与情操，以全民素质提升来实现政治民主，以健康的舆论和思潮引导社情民意，达到改善政治环境的目的。教育的文化功能则表现在文化传承延续和创新上。综上所述，教育的社会功能是多方面的，具体表现为在现有社会条件下教育在多大程度上促进了社会进步。换言之，教育的效率就是教育资源占有与消耗对社会政治、经济、文化等方面发展的影响。

2.教育公平与效率的关系

任何历史时期的社会都有既定的价值判断标准，统治阶级会根据自己的政治需要和社会发展需要对教育财政资源进行有利于巩固自己统治地位的配置。随着人类文明的不断进步，尤其是进入了资本主义社会之后，工人阶级和农民阶级开始觉醒，争取平等社会权利的愿望日益强烈，资产阶级不可能肆无忌惮地不考虑社会公平来配置教育财政资源。因此，国内外学者在考察教育财政资源配置效率时，都会在既定的社会价值判断标准的基础上认真审视教育公平问题。

新中国成立伊始，党和国家就制定了一系列的政策来确保教育公平。针对当时我国文盲率高达90%以上的现实问题，开展大规模的"扫盲运动""思想政治教育"是当时最为紧迫的任务，党和国家要求全员参加，一个都不能少。改革开放之后，我国开始进行全面的经济体制改革。改革开放的总设计师邓小平同志在理论和实践上多次论证了公平与效率是辩证统一的关系，再三强调在中国特色社会主义建设中要严格遵循"效率优先、兼顾公平"的原则。作为中国特色社会主义事业的重要组成部分，教育事业更要遵循这一原则。此后，我国教育理论工作者开始在教育资源配置、教育机会均等等多个领域孜孜不倦地展开研究。通过疏理文献，笔者发现以下几种观点较为典型。

一是对立论。有不少学者认为教育资源配置的公平与效率是对立的。在他们看来，公平优先在一定程度上就等于浪费有限的教育资源。比如，将同等的教育投资投入到资质不同的社会个体身上，其教育产出是不一样的。此外，他们认为公平优先还会导致"大锅饭"现象，严重挫伤社会参与和投入教育的积极性。这一观点会助长趋利性教育资源配置，会抑制和损害公平，这与我国主流价值取向是相悖的。二是统一论。持此观点的学者们认为效率与公平并不矛盾，只有兼顾了教育资源配置公平才能有效解决根深蒂固的社会矛盾，促进社会和谐、政治稳定。在这种环境下，教育资源才能真正做到效率优先，随着教育为社会生产提供了大量的智力支持，社会资源（包括教育资源）得到了极大丰富，从而推进了更大范围的公平。三是对立统一论。持此种观点的学者占绝大多数，他们认为教育公平与效率的关系，从近期目标来看，两者存在一定的对立，但这种对立会随着时间的推移而逐渐淡化，从长远来看，两者又是统一的。效率优先，能为经济与社会发展提供智力支持，从而驱动社会生产力的高质量发展，丰富社会物质资源总和。社会物质资源不断丰富，教育财政资源也会随之得到充实，就能兼顾更大范围的教育公平。教育公平反过来又能促进效率的提高，因为实施的教育公平可以有效淡化因不公平导致的社会矛盾，优化社会环境，为效率提升提供稳定的经济环境。换言之，效率优先能为教育公平奠定坚实的物质基础，教育公平又能营造经济发展的良好环境，促进效率进一步提升。这种良性循环能提高社会参与和投资教育的积极性，进而实现教育财政资源的合理配置。

从西方经济学的视角来看，教育公平不是一个单纯的社会学概念，它还是一个经济学概念，与教育资源分配和享用紧密联系在一起。由格林的"平等与最善"理论可知：在同一教育制度下的不同层次的教育应采用不同的教育财政配置方法，比如在义务教育阶段，必须坚持平等原则来配置教育财政资源，全体社会成员享用的是最低限度的、人人等质等量的教育财政资源。而在职业教育和高等教育阶段，受教育者具有明显的差异性。因此，合乎受教育者需求的教育财政资源配置才是最好的配置。这种配置方法是与经济与社会发展需求和学生的学力水平相匹配的，可以促成有限资源分配的公正性和有效性。美国学者詹克斯曾尖锐地指出，美国的教育机会远远没有实现平等，不管是在教育资源分配上，还是在进入学校的途径、课程选择上，均是如此。为了实现真正的平等，詹克斯提出要建立一种有限制的教育凭证制度，此制度被译为补偿教育凭证制度。此制度推行的目的就是对那些处于不利地位的群体给予教育补偿，这是实现公平的一种补救措施。实施这一制度的前提是有多样化的学校存在，并在这些学校中引入竞争机制，对那些不合格的学校予以淘汰，以此来实现多样的平等和真正意义上的效率公平。综上所述，教育公平实质就是教育资源分配和享用上的平等与公正。

3.教育财政资源配置中的公平与效率

前文已经全面论述了教育财政资源配置的公平概念，在此需要再强调一下，教育财政资源的公平指的是基于既定的教育财政资源配置，应采用不同的资源配置方法与手段让全体社会成员平等、公正且有效地享用教育资源。教育财政资源的平等分配，并不是数量上的绝对相同，而是在充分考虑资源效率发挥的情况下，合理使用有限的教育资源，使其对社会进步发挥应有的价值。教育公平始终是以教育财政资源配置的平等和公正为逻辑起点，有差别的、符合受教育者需求的最优化的配置，才是以人的全面发展为终极目的的教育公平，是既讲效率又讲公平的教育资源配置。

教育财政资源配置是政府为实现特定的公共教育目标而采用的一个有效杠杆，其效率与公共教育目标密切相关。政府提供教育财政资源，就是为了提高辖区内的社会教育福利水平，实现辖区内的教育战略目标。在资源配置中，无资源闲置，无资源浪费，真正做到物尽其用，实现以最少的教育财政资源投入换取最大化的教育产出，我们认为这种教育财政资源配置才是有效的。从这个逻辑上来看，提高教育财政资源配置效率实质就是提高教育公平的水平。由此可见，教育财政资源配置公平与效率是辩证统一的关系。

（二）公共产品的有效供给

在前人研究的基础上，斯蒂格利茨观察到公共产品在消费上具有非竞争性，即产品消费的边际成本为零。与此同时，该产品又具有效用的非排他性，会诱发消费者的"搭便车"心理，消费者就不会在市场上表明自己的偏好，使得市场上无法提供这种产品，由此得出，这种产品无法由市场提供，只能是由非市场提供。

探明准公共产品如何供给才能达到最佳水平是国内外学者普遍关切的问题。在研究这一课题时，不同的学者基于自己的研究视角提出了不同的观点。从"经济人"假设前提来看，社会每个成员都是理性的消费者，均能按市场上某种产品的价格确定购买某种产品的数量。我们可以用需求曲线来表示。

在探索有效供给问题时，学者们通常会从需求视角来探讨，公共产品有效供给也不例外。哈罗·维森在深入研究私人产品有效供给的基础上发现，假如社会每个成员都愿意为增加一个单位的公共产品支付多于该产品的边际成本的金额，那么就符合公共产品消费的效率原则，如果不符合，就不应该购买。只要社会成员对公共产品有消费需求，公共产品消费规模就能用需求供给曲线来分析，公共产品供给的最佳数量就是当社会边际效益与社会边际成本相等、个人边际效益与个人边际成本相等时的数量。

1. 私人产品需求与供给

为了便于全面理解私人产品需求与供给关系，我们暂且假设社会中只有 A 和 B 两个人，社会上只存在私人产品和公共产品两种产品，解决公共产品供给问题可采用捐赠或成本分担的方法。A 对私人产品的需求曲线用 D_A 表示，B 对私人产品的需求曲线用 D_B 表示，A 和 B 对私人产品的市场需求 $\sum D = D_A + D_B$ 用曲线 D 表示，见图 2-1。假定私人产品的供给曲线（社会边际效益）S 是确定的，私人产品供给曲线 S 与私人产品市场需求曲线 D 的交点处的价格和需求量，即为市场最合理的价格和数量。在价格 P 不变的情况下，$Q = Q_A + Q_B$，边际成本 $MC = P$。

2. 公共产品需求与供给

同理，A 与 B 对公共产品的需求 $\sum D = D_A + D_B$ 用曲线 D 表示，见图 2-2。由于公共产品具有非竞争性和非排他性，在消费该种新产品时有"搭便车"心理存在，为了掩饰自己对公共产品的需求，A 与 B 会表现为对公共产品不感兴趣，消费者对公共产品表现出来的需求远低于实际需求。这种现象被经济学家萨缪尔森称为"虚假的需求曲线"。众所周知，公共产品一旦被提供，社会成员都可以支配，因此，社会总需求就会真实地表现出来，即 $\sum D = D_A + D_B$，原因是社会每个成员对公共产品的支配数量是一致的，但其收入却不同，为公共产品支付的价格（税收）就是社会成员收入的函数。显而易见，社会成员愿意支付的价格（税收）是不一样的。

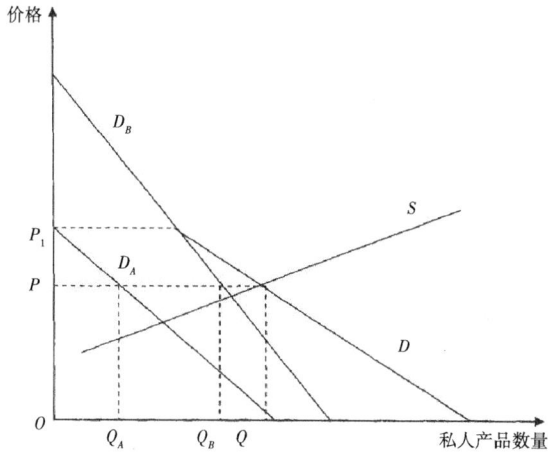

图2-1　私人产品需求与供给关系

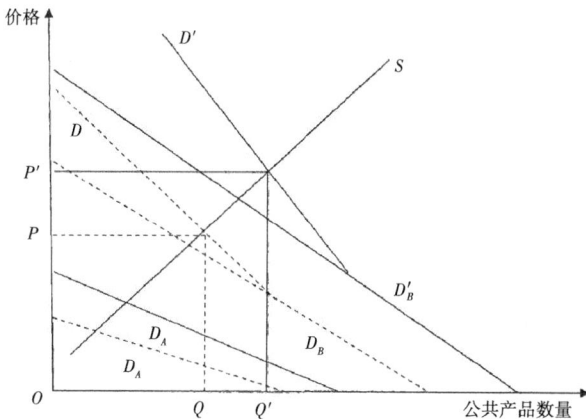

图2-2　公共产品需求与供给关系

与此同时，假设 A 对公共产品的真实需求曲线用 D'_A 表示，B 对公共产品的真实需求曲线用 D'_B 表示，那么对公共产品的真实社会总需求曲线则可以表示为 $\sum D' = D'_A + D'_B$，对公共产品的社会总需求曲线 D 与公共产品供给曲线（社会边际效益）S 的交点处的产出量为 Q，真实社会总需求

曲线 D' 与社会边际效益所决定的产出量为 Q'，且 $Q' > Q$。从上述分析中可以得出，公共产品供给是不均衡的，导致公共产品不均衡的原因是社会成员的"搭便车"心理使他们掩饰了自己对公共产品的真实需求。

我们是否可以采用捐赠和成本分担的方法来解决公共产品供给问题，从而实现社会成员都能享受到公共产品的收益？事实上，社会并非 A 与 B 两人，社会是一个人口众多的、价值观多元的集合，是不可能精准地预测所有社会成员的偏好和经济能力。假如每个社会个体都能明确自己承担的公共产品成本的份额与应承担的公共产品成本而获得的边际效益大小有关，这时，社会个体就有可能隐瞒自己对公共产品的真实需求，隐瞒从公共产品中获得的真实收益，其目的是减少自己因消费公共产品而支付的公共产品价格成本的份额，保护自己的既得收入。现实生活中，因公共产品具有非排他性，社会每个成员不会因为承担公共产品成本的份额减少而失去公共产品带来的任何收益，且可能不支付任何公共产品成本就可以享用其他人出资提供的公共产品所产生的效益，"搭便车"成为既定事实。

当全体社会成员均采用"搭便车"享用公共产品，公共产品就会因没有资金维护而丧失效益，这就是经济学家休谟提出的"公共产品的悲剧"。

对持"理性经济人"价值理念的社会成员来说，只要有公共产品，就会存在"搭便车"心理。为了避免"搭便车"耗尽公共产品的效益，就需要建立成本分担和合理捐赠制度，公共产品的供给量就会合理地控制在达到最佳水平之下。即使是"搭便车"现象仍然存在，私人部门也会因为有资金来源而提供公共产品。学术界普遍认为，政府是公共产品供给最佳主体。原因很简单，私人部门由于能力有限，无法满足社会对公共产品的所有需求。

三、公共产品理论指导下的农民职业教育的混合供给

欧美发达国家十分重视市场在资源配置中的作用。利用市场能有效地实现教育资源合理配置，发挥资源真实的效用。在市场经济制度下，农民职业教育作为一种能有效提高农民知识、技能和能力的产品，其外部性与其他准公共产品一样会在实际消费过程中带来效率损失。如图2-3，假如用线 DD 表示农民职业教育消费者的需求曲线，用线 DD' 表示整个社会消费农民职业教育的边际收益曲线，两线之间的垂直距离就是农民职业教育的边际外部效益。事实上，边际外部效益一直是递减的。为了便于理解分析，我们暂且假定边际外部效益是一个常量。在市场经济条件下，消费者是理性地根据自己的收益去购买农民职业教育产品，消费该产品后的产出水平用线 SS 来表示（农民职业教育边际成本曲线），该线与需求曲线 DD 的交点 I 决定了 Q，在现实中边际外部效益使得符合效率准则的产出水平 Q' 是由社会边际收益曲线 DD' 与边际成本曲线 SS 的交点 I' 所决定的，根据图2-3可知 $Q' > Q$，由此可以断定农民职业教育供给不能满足全社会对该产品的需要。由于产出水平不一定会造成不同程度的效率损失，详见图2-3中的三角形 $I'AB$ 部分。为了避免效率损失，充分发挥有限的农民职业教育资源，政府一般会采取提供一部分农民职业教育服务来降低其边际成本曲线，其边际成本曲线下移为 SS'，这时农民职业教育服务的价格会降低，而产出会增加。即其边际成本曲线 SS' 与消费者的边际收益曲线 DD 相交于 E 处，在此点，农民职业教育服务的产出水平达到 Q' 的水平，至此，农民职业教育供给达到的水平是消费者为了自身的利益愿意消费的水平，也是不会导致效率损失的水平。消费者接受了农民职业教育就能提高自己的生产技能，可获得的直接利益也不是一次性的，而是在技能具有提高生产效率的存续期内都能获得利益。因此，可以向消费者收费，且不会挫伤他们消费这一服务的积极性。向消费者收费的价格为 P，由政府承担的部分，即政府补贴为 $I'E$，假设农民职业教育完全免费，这时 $P=0$，全体社会成员都可以自由、平等地分

享农民职业教育服务，取得的是平均收益。这种做法是不是理性呢？这是一个值得思考的问题。事实上，在资源有限的情况下，这种做法是不可取的，原因很简单，该做法会导致资源过度消费和过度使用，加之无须承担成本，"搭便车"现象尤其突出。此种过度消费和过度使用的直接后果就是作为公共产品的教育资源实际增加的价值会低于增加的成本，效率损失将无法避免。

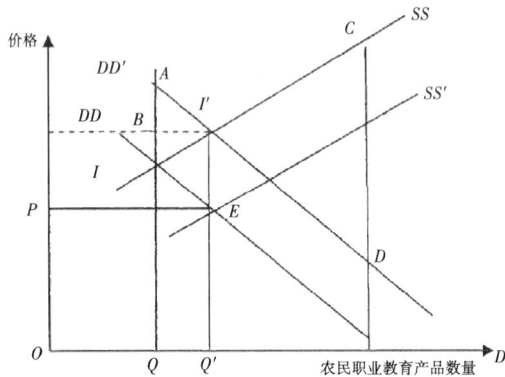

图2-3 农民职业教育的效率损失

同理，从图2-3中可以看出：边际外部收益仍是同样大小的常数。其实，这时的相对边际外部收益越大，其消费给社会和个人带来的外部性也越大。此时社会边际收益曲线与私人收益曲线的直线距离增大，社会边际收益曲线与边际成本曲线的交点上所决定的产出也会随之增大，效率损失三角形 $I'AB$ 的面积会随着农民职业教育外部性的增大而增大。正因如此，政府就成了农民职业教育最合适的供给主体。

第三节 国民经济高级赢利理论

一、国民经济的有效运行

市场经济强调的是利用市场实现资源有效配置，在这种条件下，很多学者通过大量的研究证明政府是公共产品供给的最佳主体。这是基于体制设计还不太健全的情况下提出的观点。事实上，如果市场体制设计科学，公共产品由政府和私人混合提供或是由私人提供均是可行的。为进一步论证这一观点，有必要分析比较计划经济体制和市场经济体制下的国民经济运行特点，这有利于为后续探讨农民职业教育供给模式奠定理论基础。

　　不管是何种体制，国民经济均有两种含义：第一种含义是从量上来定义的，指的是物质生产部门和非物质生产部门实现的产值总和；第二种含义是从生产过程来界定的，指的是社会产品的再生产，关注的是生产、分配、流通和使用的全过程。两者相辅相成，部门决定再生产，而部门又在再生产中形成和发展①。物质生产部门主要包括农业、工业、建筑业、商业和交通运输业等能实现物质产出的各部门，非物质生产部门包括文化教育、医疗卫生、生活旅游和城乡公共事业等非直接参与物质生产的部门。根据生产营利与否，可将物质生产部门分为营利性组织和非营利性组织，如果该组织不是以营利为目的而成立起来的，在实际业务中也不营利，比如教育、文化、科技研发等，都是非营利性组织。

　　一个生产部门就是一个庞大的系统，是由千千万万基层生产组织构成，它们在整个生产过程中所发挥的作用是不同的，因而它们的职能也是不同的。非物质生产部门在发挥其社会职能时，与物质生产部门一样都是通过向社会输出一定的资源发挥着分配与再分配的社会职能，同时以人才、科研成果、技术创新等方式为物质生产部门提供众多类型的服务。国民经济中部门间的关系是横向的，而部门内部的各个生产环节间的关系是纵向的，纵横交叉结成了网络般的经济联系②。国民经济总体运行健康的前提是各个部门保持通力合作，且要保持一定的比例，才能实现协调发展。假设一个国家或地区，工业超前发达，农业相对滞后，这会导致工业所需的农产品原材料供应不足，使得工业发展后劲不足。这里讲的是物质生产部门的合作。那么非物质生产部门与物质生产部门间

---

① 钱伯海.国民经济学[M].北京:中国经济出版社,1992:1.

② 钱伯海.国民经济学[M].北京:中国经济出版社,1992:1-2.

的关系如何呢？众所周知，发展最核心的元素是人才和科技。如果非物质生产部门发展滞后，不能向物质生产部门提供高质足量的人才和先进的科学技术，物质生产部门的发展势必会因缺乏动能而停滞不前，甚至还有可能走下坡路。因此，各部门的比例与生产效率协调能极大地驱动社会生产力的发展，反过来，高水平的社会生产力和不断丰富的物质资源生产能改变原先不太合理的产业结构，为下一步扩大再生产创造更有利的条件。

社会生产中众多经济实体的目标汇成了国民经济活动的目标。国民经济活动目标是指在整个国民经济范围内，通过国民经济各部门、各地区、各单位的共同努力所应达到的国民经济总体发展的预期结果。国民经济存在着各部门、各环节、各地区以及各单位等的不同层次，它们之间相互联系、相互制约，结成一个不断运动的有机整体，这决定了国民经济活动目标的多面性和多层次性[①]。只重视国民经济的某一方面或片面强调某一方面是不理性的，不利于国民经济总体目标的达成。比如只重视发展经济，而忽视生态保护，经济发展就会出现断层。实践经验告诉我们，经济发展离不开科技和教育的发展，而科技和教育的发展也要从经济发展中获得持续前行的物质材料和资金。反之，科技和教育事业蓬勃发展才能培育出经济发展所需要的各级各类高质足量的人才，为经济发展提供智力和现代化生产设备的支持。国民经济目标体系一定要协调，如果不协调，有限的力量势必会相互抵销，其直接后果就是国民经济目标会少于经济生活中各个经济实体的目标之和，效率损失和浪费必然会产生。

计划经济体制下，国民经济是以计划的手段来协调的，相比市场经济，计划经济最大的优点是统一性，而最大的缺点是依赖性。所谓统一性，就是用于社会生产的资料为国家或是集体所有，国家或是集体可以依照社会发展的需要指导各经济实体积极参与到经济建设中来，通过组织生产来达到社会供需平衡，国民经济各部门的比例合理。它能有效避

---

① 钱伯海.经济学新论[M].北京:中国经济出版社,1999:79-80.

免由各方利益冲突和矛盾导致的生产力上的耗损和资源浪费。计划经济的这一优点还体现在对社会总供需的控制上，对于中长期经济结构调整和发展战略规划来说，它比市场经济具有更明显的优势。正是由于计划经济有这么多优势，因此在计划经济体制下，非物质生产部门与物质生产部门所需的各类资源的分配是由国家按计划调配，以此来实现国民经济总体目标。

任何经济手段都有优势，也有弱项，从宏观上来看，计划经济优于市场经济，但从微观上来看，计划经济就有些被动了。参与国民经济的经济实体（企业）由于过于依赖国家计划，缺乏竞争意识，造成了各生产单位的生产热情和生产潜能得不到有效发掘，不仅物质生产部门生产的产品供给不足，非物质生产部门的供给也不充分。我国改革开放前的"票据经济"就是一个典型的例子，由于社会物资供给不足，需要通过发放"票据"定量供给。当时产生了有钱买不到东西，"一票难求"的独特经济现象。这种现象在全国非常普遍，严重影响了国民经济活动目标的实现。

市场能高效地解决上述经济问题。在市场经济体制下，国民经济的总体运行主要依靠市场，市场的最大优点是竞争性，最大缺点是盲目性。对于各个微观经济实体来讲，要想生存和发展，就要准确地利用市场价格信号来判定社会总体供求，从中获得发展的空间，主动调集资源加大产出规模，实现微观生产资源的合理配置。此机制适合社会供需的"量"调节，对于短期经济结构调整有效，在应对变幻不定的市场时能极大地激发各个微观经济实体的生产热情和主动性。然而，市场强调决策主体多元化，会存在价格信号失真的情况。此外，市场还会导致生产过于盲目，出现"市场失灵"，使得与国民经济有关的物质生产和非物质生产各部门发展失调，国民经济无法处于高效运行状态。

因此，绝大多数国家都采用了两个手段相结合的方式来调控国民经济活动。

二、国民经济高级赢利理论概述

要高效优质地实现国民经济活动目标，就一定要在市场经济体制框架下转变政府职能。这里的政府职能主要包括：制定并执行财税政策和货币政策对国民经济总体运行实行间接的、宏观的调控；实行政企分开，政府退出微观的物质产品直接生产过程和管理过程。政府的退出并不等于不指导，而是通过制定产业政策、计划指导和就业规划等手段对国民经济实行间接调控；提供市场不能提供的公共产品和召集社会中的中介组织、企业以及个体户等经济实体共同参与到提供公共产品的任务中来；在畅通市场运行、保护市场竞争公平等方面发挥作用。

政府作为参与国民经济的一个主体，它的生产领域主要是非物质生产部门，而非物质生产部门涉及文化教育、科研创新等。非物质生产部门的投资是非营利性的，是公共产品的生产。虽然政府不直接参与物质生产部门，但它可能通过投资非物质生产部门，提高其产品的质量和数量，以人才培养和科技成果转化来间接调控物质生产部门，促进产业升级、稳定经济与社会发展。

苏联早期的一些经验还是值得我们审视和学习的。比如斯大林针对苏联的农业和集体农庄建设问题就曾指出：在资本家那里，建立大规模谷物农场的目的是获得最大限度的利润，或者至少是获得相当于所谓平均利润率的利润。在我们这里则恰恰相反，大规模谷物农场同时又是国有农场。它们为了保证自己的发展，既不需要最大限度的利润，也不需要平均利润率，可以只限于最低限度的利润，有时甚至可以没有任何利润。斯大林还主张对大规模集体农庄建设给予信贷和税收上的扶持，由此他提出了著名的国民经济高级赢利理论，即社会主义国家根据社会化生产的客观要求，制定、执行科学的国民经济发展计划，可以避免资本主义制度下生产的无政府状态，避免破坏国民经济并给社会带来巨大物质损害的周期性的经济危机，保证社会主义国家国民经济的高速、持续增长。因此，国民经济的计划化，固然可能造成某些企业、某些部门的生产赢利减少，甚至没有，但从整个社会来看，从长期来看，国家获得的生产赢利更多。高级赢利的产生体现了社会主义制度的优越性。

斯大林的高级赢利思想是对国民经济计划性优势的全面认知，这在一定程度上说明了社会主义国民经济是一个有机整体，顾全整体利益，而放弃个别小利。政府的职能部门通过对非物质生产部门的投资可以更好地为国民经济持续健康发展提供优质服务，这种投资不追求眼前利润，可以是最低限度的赢利水平，还可以是不赢利。投资不赢利的风险可以在全国范围内消化，政府可以因为这些非物质生产部门的生产在科学的宏观调控下而避免社会生产的无政府状态，确保竞争有序，国民经济持续高速增长。政府对非物质生产部门的投资属于国家投资范畴，从长远来看，是赢利的。

当然，对于公共部门来说，私人部门的投资具有较强的功利性，它们与公共部门是不一样的，其最大的本质就是追求利益最大化，在这种利益驱动作用下，私人部门在社会分工中分别从事不同的生产服务，也执行国民经济的分工与协作。因此，政府力求实现的国民经济活动目标有赖于各个微观主体利益关系的协调与平衡。

在市场经济体制下，非物质生产部门并不能作为政府的替代机构向社会提供公共产品和公共服务，这主要是因为非物质生产部门存在"志愿失灵"。绝大多数情况下，非物质生产部门只是作为政府的助手，弥补政府在提供公共产品与服务中的不足而开展配合性工作，而公共产品与公共服务供给是需要成本的，这时政府就会以财政资助的方式给非物质生产部门注入资金，以确保非物质生产部门的正常运行。鉴于社会分工和公共产品属性，政府不能强制私人部门投入。私人部门的行为是以赢利为目的的，政府要想让其参与到公共产品供给中来，只能通过政府激励和引导。由此，非物质生产部门就成了政府与企业间的"灰色地带"。基于向社会提供公共产品和服务的视角来看，非物质生产部门的优势又表现在它的组织属性上，比如独立性、组织性、非营利性、服务性等。这些属性决定了它存在的价值就是要满足不同群体的利益要求，承担政府和企业不太适合的职能。事实上，非物质生产部门不单单可以为政府提供服务，同时还能为私人部门提供服务。在国民经济总体运行中，非物质生产部门的价值是非常大的，无论是政府还是企业都对非物质生产部门有所依赖，由此，政府和企业都应该对非物质生产部门进行投资，以提高非物质生产部门的生产能力。简言之，就是要坚持"谁投资，谁受益"的原则，这样做的最大好处就是不会挫伤公共产品投资者的热情。图2-4所示为国民经济体系内各部门的关系。

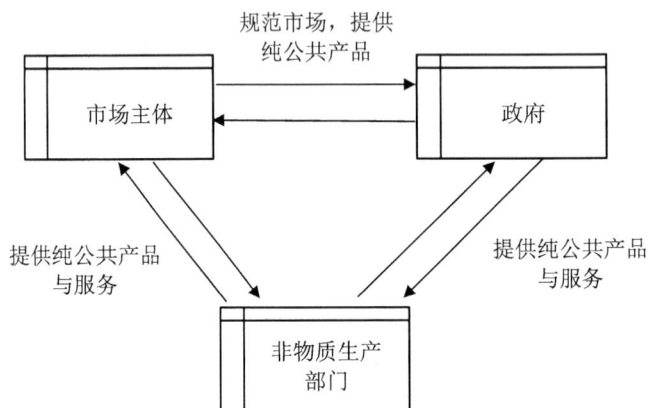

图2-4　国民经济体系内各部门的关系

投资公共产品生产并不能得到即时效益，这种"受益"可以理解为通过公共产品的有效供给使得社会整体协调运转而获得的效益，也可以说是高级赢利。

三、国民经济高级赢利理论指导下的农民职业教育混合供给

从人力资本视角来看，农民职业教育实质是一种人力资本投资，是实践证明了的比物质资本投资对国民经济增长更有效的一种战略投资。国内外研究证明，人力资本投资不比物质资本投资见效快，它具有间接性和潜在性。从表面来看，人力资本投资体现在人力资本存量增多和人口素质提升方面，此种产出不是立即发挥其经济效应，只有当依附在劳动力上的知识、技能和能力与物质生产领域和各种生产资料结合起来，

才能生产出更多更优质的物质产品。在不断追加人力资本的过程中，生产领域的物质资本产出弹性会持续提高，这时物质资本的边际收益降低的临界点会向后移动，也就是说边际收益降低的速度会持续放缓。那么，向人力资本等公共产品投资的收益是如何实现的呢？这种投资一般是通过提高微观生产领域的生产技术水平来达到提高社会劳动生产率。由于社会劳动生产率的提高，市场上的物质资源会越来越丰富，就能为一个国家的其他事业的高质量发展提供优质的服务，从而使社会生产尽可能地向外延伸，这种投资就能通过国民增收和经济周转速度加快等指标体现出来。换言之，人力资本投资能让个人以社会经济个体的身份运用和调配各类生产资源，通过提高他们处置生产失衡的能力，使得社会生产效率不断提高、经济总量不断扩大。

人力资本投资收益的高低取决于投资对象的资质，存在一定的不确定性，这主要是因为这种投资收益是依附于人身上的。就是在当前科技日新月异的知识经济时代，科学技术的进步也是通过人力资本质量提升来实现的。人力资本要转变为知识资本，再用知识资本转变成适用于生产的知识与技能，由于其有延续性，这种收益受知识更新的影响并不是很大。众所周知，人力资本投资本身就是一种规模经济，也就是投入越多，其投资的边际成本就越低，由于人力资本的大量积累，规模经济逐渐成形。

接下来，我们来探讨一下农民职业教育的外部性，这种外部性产生一些难以计量的隐性收益。在此就列举几种由农民职业教育外部性决定的几种隐性收益，比如因接受教育提高了公民综合修养而减少的社会治安成本；因接受教育发明了一种新技术，这种新技术由于当时生产条件不允许，但在未来能得到较好的利用，产生延续到未来的远期收益；当然，还可以表现为农民职业教育有效供给而减少其他教育公共产品的"紧张"局面，提高农民职业教育服务的质量并节省了社会个体在使用公共产品中的成本，让消费者可以选择到自己中意的教育产品，而不会产生因没有满意的教育产品不愿选择升学，导致学习时间延长的现象。这既可以节省国家提供农民职业教育的成本，还可以节省社会个人的学习成本。综上分析，增加农民职业教育有效供给一定要做到教育产品的多样性，拓宽消费者的选择空间，节约消费者的选择成本，以确保增加消费者的收益。由于有效供给农民职业教育获得的收益是大于社会成本的，属于国民经济高级赢利，所以我们可以将有效供给农民职业教育理解为追求国民经济高级赢利。正如斯大林曾强调的，从个别企业和个别生产部门着眼的赢利，决不能和社会主义生产所提供给我们的那种高级赢利相比。农民职业教育高效率供给的最终目的就是全社会服务能力不断提升，这样才能为其他部门的产出效率提供优质的服务，达到国民经济快速增长。

私人部门的一切活动都是以赢利为指导的，趋利性特别强。这些部门对农民职业教育的投资的获利并不是以现金或是某种直接利润的形式来支付的，而是体现在以无形资产而存在的人力资源上，这种受益方式更合乎企业发展的需要。西方经济学家卢卡斯致力于分析影响经济增长的因素，他在研究中发现，影响一个国家或地区经济增长的因素除了劳动力数量和土地之外，技术进步是诸多影响经济增长因素中最具效力的一个。技术进步对经济的促进作用是通过人力资本推动的，多次实证研究证实，技术进步率是由人力资本建设部门的人力资本存量和人力资本建设的时间决定的[1]。正因如此，在以互联网和计算机技术为代表的信息时代，知识经济已经成为这个时代的主体形态，技术领先就意味着掌握了未来发展的钥匙，拓展了未来发展的空间。作为社会经济生活主体的企业，对技术的渴求达到了前所未有的程度，企业最重要的核心竞争力不再是以前的物质资产存量，而是人力资本存量。不少学者认为，当前教育供大于求，绝大多数大学生就业难，人才市场供大于求的现象日趋明显，在这种形势下，作为私人部门的企业不必担心找不到优质的人才。但事实是不是这样的呢？答案是否定的，企业在这种形势下反而遇到了

---

① 王蓉.国家与公共教育:新人力资本理论的分析框架[J].北京大学教育评论,2009(3):84-98,190.

"一才难求"的尴尬境地。首先是因为企业与人才之间存在信息不对称，企业从众多人才中找到切合企业实际的人才所付出的成本较高，而人才市场输出的人才可能与企业的人才需求结构是不匹配的，这时企业不但找不到可用的人才，反而因为人才引进成本过高而使企业丧失赢利的空间。为此，企业与政府一同参与人力资本投资，既能为社会提供优质的人力资本存量，又能为企业实现可持续发展创造条件，实现企业的长期、整体受益，或者说是企业高级赢利。

在非物质生产部门中，政府和私人部门投入多少或是谁在提供，划分的边界是非常明晰的，那么公私部门间的利益协调就成了必须认真思考的问题。在非物质生产部门投资目的不一致的利益主体是如何实现混合向社会提供公共产品的呢？其实这个问题就是公共部门和私人部门、政府与市场之间的协作关系，在此领域中，国内外学者做了大量研究。其中代表性研究观点是美国经济学家斯蒂格利茨从信息经济学视角提出的"政府与市场间建构的一种新型伙伴关系模式"，这种关系模式建构是以信息不完整、市场不成熟为分析前提的①。世界银行2006—2007年发展报告明确指出，政府与市场的合作关系是新时期以知识、技术驱动的经济形态持续健康发展中要认真处理的合作关系。市场与政府是相辅相成的，为市场发展创造坚实的经济基础，营造适宜的外部环境方面，政府的作用是非常关键的。纵观全球多数成功案例，无论是历史上的，还是现当代的，都是通过建构高效、健康的合作关系来实现的。国外的研究成果多是从信息经济学视角去分析政府与市场的关系。而我国学者的研究与国外学者存在明显差别，主要是从国民经济"有效运行"视角去探讨，结合我国具体国情提出了"协调关系"模式。我国经济学家闫彦明多年运用政府与市场经济功能与制度缺陷分析平台对我国政府与市场的关系进行了大量的研究。他指出，我国政府与市场的关系应遵循"有效

---

① 斯蒂格利茨.政府为什么干预经济:政府在市场经济中的角色[M].郑秉文,译.北京:中国物资出版社,1998:246.

协调"的模式，要从制度上加以确定，在法律上加以肯定①。国内学术界将这一观点称为"有效协调论"。

不管学者们是将政府与市场的关系定义为伙伴关系、合作关系，还是协调关系，有一点是一致的，那就是政府与市场的关系是相互合作和相互补充的。21世纪，世界各国，尤其是新兴经济体的发展中国家，开始尝试政府职能改革，意欲分割政府与市场间的有效边界以实现政府与市场的"凸性组合"。这种"凸性组合"的精髓是在效率优先的市场机制框架内，政府的作用主要是通过制度供给和维护来实现。由于政府运行机制是以"公平为指向"的，因此在运行存在效率低下的现象时，可以引入市场机制来彻底解决这一问题。前文已经论述了公共部门和私人部门的关系，它们相互作用、相互补充，共同驱动国民经济的高速发展，在这种情况下，政府与市场间的有效边界会越来越模糊，两者间建立新型伙伴关系已经成为时代发展的必然趋势。

---

① 闫彦明.转型期中国政府与市场有效协调的制度分析[J].求实,2002(10):27-30.

第三章　新生代农民工就业的现实剖析

如今改革开放的第一代"打工仔"已经相继进入了中年，在精力和体力方面可能在走下坡路，而新生代农民已经完成学业，开始成为进城务工的主体，成为未来产业发展的生力军。相比第一代"打工仔"，新生代农民具有"三高"特点，即高知性、高技能和高期望。随着农业科技成果的转化与应用，也有不少新生代农民已经不再把进城就业作为首选方案。这主要是因为从事农业生产不再是"面朝黄土背朝天"的传统耕作方式，农业生产已经开始了由劳动密集型向智能化的转变。也就是说，新生代农民开始分流。大多数新生代农民从个人意愿上来看，不愿意留守农村，他们血气方刚、志向高远，希望能干一番大事业来证明自己的能力，获得社会的肯定，但由于成长的背景和所受的教育的差异，他们进城后一切都是未知数。

为了全面了解农民职业教育的需求与市场供给，明确新生代农民需要什么样的农民职业教育，分析他们的就业状况是非常有必要的。

第一节　新生代农民工就业现状

本节主要从就业行业、从业质量、人力资本和就业环境四个方面考察新生代农民工的就业现状，研究所需的数据有四个来源，即以江苏省新生代农民工为调查对象的抽样调查，共青团中央发起的专题青年调查数据，国家卫健委 2018 年发布的《中国流动人口发展报告 2018》和《中国经济报告》中有关"三农"的部分数据。

一、就业行业

国民经济中不同行业具有不同的用工要求，各行业会根据行业发展的需求吸纳能促进行业发展的劳动力。从整个国民经济体系来看，我们调查就业行业，其监测指标就是不同行业间的就业人口比例以及各产业就业人口占总就业人口的比例，这两组数据能有效说明劳动力资源配置状况和变化趋势。

调查之前，有必要对新生代农民工就业行业的定义作一个说明。新生代农民工就业行业指的是他们在整个国民经济中不同行业中的就业现状。研究要根据行业的类型和性质进行区分。通过搜集官方公布的有关数据和调查者自主调查的数据分析可以了解新生代农民工的就业境况，有助于进一步认识他们的社会地位。据国家统计局《2019 年农民工监测调查报告》中的数据显示：农民工的规模继续扩大，跨省流动增速开始放缓，省内流动持续增长。截至 2019 年底，全国农民工总量达 29077 万人，比 2018 年增长了 241 万人，其中本地务工的农民工为 11652 万人，比 2018 年增长 82 万人，外出务工的农民工 17425 万人，比 2018 年增长 159 万人（见图 3-1）。

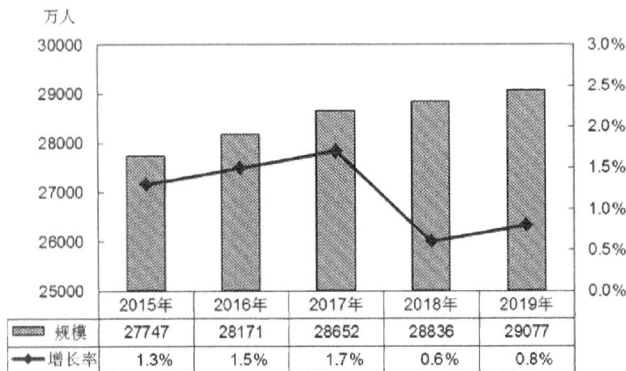

	2015年	2016年	2017年	2018年	2019年
规模	27747	28171	28652	28836	29077
增长率	1.3%	1.5%	1.7%	0.6%	0.8%

图 3-1　新生代农民工规模及增速

2019年，新生代农民工省内流动增速开始加快，而省际流动增速有所减缓（见表3-1）。这主要得益于国家致力于改变经济发展不均衡的态势的各项政策。

表3-1　2019年外出农民工地区分布及构成比例

按输出地分	外出农民工总量/万人			外出农民工构成	
	外出农民工	跨省流动	省内流动	跨省流动	省内流动
合计	17425	7508	9917	43.1%	56.9%
东部地区	4792	821	3971	17.1%	82.9%
中部地区	6427	3802	2625	59.2%	40.8%
西部地区	5555	2691	2864	48.4%	51.6%
东北地区	651	194	457	29.8%	70.2%

新生代农民工较上一代农民工的基本特征有了新的变化。首先是女性和有配偶的农民工占比均有提高。全国农民工中，男性占64.9%，女性占35.1%，女性农民工比2018年增长了0.3个百分点，其中外出农民工中的女性占30.7%，比2018年下降了0.1个百分点，本地务工的女性占39.4%，比2018年增长了0.8个百分点。这主要是因为女性需要照顾家庭，所以她们多在家乡附近务工。从学历上来看，他们的学历层次普遍高于上一代农民工，虽然新生代农民工仍以初中文化程度为主，占56%，但高中文化程度和大专及以上文化程度的比例在近年来增速较快。高中文化程度占16.6%，大专及以上文化程度占11.1%，大专及以上文化程度农民工所占比重比2018年提高0.2个百分点。在外出农民工中，大专及以上文化程度的占14.8%，比2018年提高1个百分点；在本地农民工中，大专及以上文化程度的占7.6%，比2018年下降0.5个百分点。新生代农民工在第三产业就业的比重持续提升，占全行业的51.0%，比2018年提高了0.5个百分点。其中，从事交通运输仓储邮政业和住宿餐饮业的农民工比重均为6.9%，分别比2018年提高0.3和0.2个百分点。从事第二产业的农民工比重为48.6%，比2018年下降0.5个百分点。其中，从事制造业的农民工比重为27.4%，比2018年下降0.5个百分点；从事建筑业的农民工

比重为18.7%，比2018年提高0.1个百分点（见表3-2）。

表3-2　新生代农民工从业行业分布

行业	2018年农民工比重	2019年农民工比重	增减百分点
第一产业	0.4%	0.4%	0.0
第二产业	49.1%	48.6%	−0.5
其中：制造业	27.9%	27.4%	−0.5
建筑业	18.6%	18.7%	0.1
第三产业	50.5%	51.0%	0.5
其中：批发和零售业	12.1%	12.0%	−0.1
交通运输仓储邮政业	6.6%	6.9%	0.3
住宿餐饮业	6.7%	6.9%	0.2
居民服务修理和其他服务业	12.2%	12.3%	0.1
其他	12.9%	12.9%	0.0

　　新生代农民工就业时对行业的选择是与当代社会发展的时代背景相吻合的。哪些因素会影响他们对就业行业的选择呢？一般来说，与他们所受的教育、生活经历、家庭经济状况和亲戚朋友等有关。20世纪90年代以后出生的新生代农民成长于改革开放各项制度趋向完善和健全的大时代背景下，物质生活条件比"70后"和"80后"要好得多，他们当中绝大多数是独生子女，接受了九年义务教育，其中大专及以上学历的人越来越多。由于不满足于"面朝黄土背朝天"的劳作方式，他们对城市生活抱有极大兴趣，于是选择进城寻找工作。总体上看，相比于城市同龄人来说，新生代农民工除了吃苦耐劳的品质略胜于城市同龄人之外，在知识、能力、城市资源等方面均处于劣势，这就决定了他们要想获得心仪的岗位，就要比城市同龄人更加努力。为了能在城里生存下去，他们只能降低要求，任凭用人单位挑选。在第二产业中，只有部分企业需要高技能应用型人才，多数企业都是劳动密集型企业，对专门的技能要求不高。因此，第二产业是许多新生代农民工初次就业的现实选择。此外，也有许多新生代农民工选择第三产业就业，可以看出他们在职业选择上与其父辈有不同的考虑，这是他们基于自己的职业理想、人生价值

观、生存环境和家庭责任等综合得出的选择。与其父辈相比，新生代农民工思想活跃，善交际，他们更乐意选择与人打交道的职业，不愿意从事工厂操作线上简单、重复、机械的工作，这是新生代农民工的显著特征之一。

二、从业质量

人类文明的进步很大程度上取决于科技进步，科技进步使得人类生产相同单位物质资料的时间比原先要少，因而减少了每天工作的时间，个人就有了富余的时间可以自由支配。当然，科技进步使社会生产率极大提高，社会总产出能确保市场上的物资丰富多样，可以满足不同人群的需求，人们不再为每日三餐而奔波，开始对自己的生活有更高的要求，当然也会对自己的从业质量有更高的期望。早在20世纪90年代初，国际劳工组织就提出了"从业质量"这一概念。国内外在重视"从业质量"方面达成了共识，但在从业质量指标衡量研究上，分歧较大。本研究力求从客观实际出发，把从业质量的研究定义在"收入"和"社会保障"两个方面，随机抽取了江苏省苏南（苏州、南京）、苏中（盐城、泰州）和苏北（徐州、连云港）六座城市的3270名新生代农民工作为调查对象进行调查，以期全面了解新生代农民工的从业质量。

从就业单位的性质来看，一般来说，国有、外资企业的收入与社保比民营企业要好，上市公司比非上市公司要强。本次调查对象的现状如表3-3。

表3-3　不同性质与不同规模就业单位录用新生代农民工的比例

就业单位		新生代农民工占比
就业单位性质	国有企业	10.5%
	外资企业（合资）	22.6%
	民营企业	66.9%
就业单位规模	大型企业	7.6%
	中型企业	29.8%
	小微企业	62.6%

用人单位待遇好的一般用工要求高，比如国有企业和外资（合资）企业入职的学历要求就将很多新生代农民工拒之门外。企业规模越大，用工要求越高。民营企业或中型企业、小微企业门槛较低，可以大量吸纳初、高中文化程度的农民工。只有具有高学历的农民工才能获得进入国有企业、外资（合资）企业的机会。

（一）薪酬水平

衡量从业质量的关键指标是薪酬水平。有研究表明：影响薪酬高低的原因有就业年限、工作经验、技能证书、行业平均水平等。首先是初、高中刚毕业的新生代农民工，虽然他们大多比其父辈的学历略高，但由于工作经验少、技能不娴熟等原因，薪酬水平可能不及其父辈，处于最低薪酬水平。其次是具有大专以上学历的新生代农民工，由于他们具有一定专业知识和职业技能，上手快，所以他们的薪酬水平略高一些。而那些具有一定的从业年限、学历较高、专业知识扎实、技能娴熟的新生代农民工的薪酬水平相对比较高。

《江苏省人力资源和社会保障厅关于调整全省最低工资标准的通知》提到，自2018年8月1日起，江苏省调整了全省最低工资标准，分三类，其中月最低工资标准：一类地区2020元，二类地区1830元，三类地区1620元。非全日制用工小时最低工资标准：一类地区18.5元，二类地区16.5元，三类地区14.5元。企业支付给顶岗实习学生的实习报酬和勤工助学学生的劳动报酬按照小时计酬，且不得低于当地非全日制用工小时最低工资标准。许多新生代农民工的工资接近最低标准。当然，新生代农民工中还有一些人，他们对职业有高要求，认真做好职业规划，在闲暇时间积极参加各类职业教育培训，获得专业技能证书或是提高学历水平，通过自己的不懈努力，被公司提拔成领班、班组长，甚至是经理（厂长）。

（二）社会保障

在访谈中发现，新生代农民工的社会保障存在明显的地区、行业差异。由于江苏省经济发展具有"南强北弱"的特征，各市用于社会保障的资源也存在多寡之分。在我国，社会保障主要包括政策保障和社会保险。从20世纪80年代末开始，江苏省就在苏南经济较发达的地区推行政策保障，到了2000年之后，开始推行"政策保障"和"社会保障"相结合的社会保障制度。在我国，城市对农民工经历了从拒绝到接纳再到欢迎的艰难历程，时至今日，许多城市都出台了各类优惠政策吸引年轻的农民工进城。为了让进城的农民工在城市过上优质的生活，党和国家也相继出台一系列旨在保障农民权益的政策，比如规范用工合同、强制农民工工资按时结算等。

虽然政策保障推进较为顺利，拖欠农民工工资事件越来越少，农民工的基本权益得到保障，但社会保险却不尽如人意，有些民营企业时不时还会拖欠农民工的工资，社会保险也不会按时如数为员工购买。导致这一现象的原因有两个：

一是新生代农民工缺乏社会保险意识。他们大多认为，只要企业不拖欠工资，就心满意足了。还有一些人认为自己依靠劳动力换取经济收入，赚足了钱，就会回农村谋生，不会在城市扎根。

从表3-4中可以看出：新生代农民工社会保障意识不高，制造业，建筑业，交通运输、仓储、邮政业等风险系数较高的行业除了缴纳工伤保险的比例较高之外，养老保险投保率也较高，这是因为上述行业的企业管理相对规范。在所列险种中，投保率最低的是失业保险。这可能是因为对于新生代农民工来说，由于年轻有资本，失业对他们没有多少威胁。在失业保险中，建筑业投保率最低，这可能是因为新生代农民工在建筑业胜任的岗位大多是小工，该岗位无需多少专业知识和职业技能，因此从业者的文化程度较低，缺乏现代生产和生活等相关的知识。

表3-4　江苏省主要行业新生代农民工部分社会保险覆盖率

主要行业	养老保险覆盖率	工伤保险覆盖率	医疗保险覆盖率	失业保险覆盖率
制造业	23.5%	39.5%	21.5%	4.5%
建筑业	12.3%	57.5%	8.3%	2.1%
交通运输、仓储、邮政业	21.5%	21.6%	19.7%	6.5%
批发、零售业	9.6%	14.5%	9.0%	3.6%
住宿、餐饮业	5.7%	12.3%	7.3%	2.4%
居民服务与其他服务业	4.8%	12.5%	11.1%	4.2%

　　二是新生代农民工社会保险的险种较少，企业投入的参保经费不足。

　　由于地区经济发展水平各异，不同地区的企业对新生代农民工的社会保障也不相同。在东部沿海的经济发达地区，资源相对丰富，在推行社会保障政策上一般不会打折扣，能保证高质量的社会保障，因此这些地区吸引了大量的新生代农民工加入。比如江苏的苏州、无锡、常州三市，在社会保障政策执行上就比江苏省的其他地级市执行得好，所以这些地方企业的劳动力供求是相对平衡的。从行业维度来看，不同行业的社会保障差异也是巨大的，一般来说，危险系数高的行业，社会保障相对较高，比如高空作业、建筑、化学化工等企业。

　　综上所述，我们不难发现，从薪酬和社会保障两个维度来看，新生代农民工的就业质量并不高。事实上，由于低水平的就业质量长期存在，逐渐挫伤了新生代农民工扎根城市的愿望，他们在城市的生活飘浮不定，一旦出现什么意外，自己根本承受不起过重的经济负荷，同时，他们也难以得到与城市居民同等的社会保障制度的保障。

三、人力资本

　　求职者之所以能与用工单位就薪资、工作环境、福利待遇等相关事宜谈判，是因为用工单位迫切希望得到人力资本。那么，人力资本的内涵包括哪些内容呢？首先是教育背景。受教育程度越高的求职者，与用工单位谈判的筹码就越大。其次是培训经历。虽然这比教育背景的筹码略低，但培训的内容与用工单位的岗位要求密切相关，这也是用工单位所看重的。再次是工作经验。过去从事过与用工单位招聘的相同或是相似工作的人，同样是用工单位青睐的人力资本。最后是年龄。年轻是职业成功的资本，因为年轻，所以精力旺盛，接受新生事物和适应不同环境的能力强，具有强烈的实现自己理想的抱负，工作效率较高。上述四种变量直接影响着个人能否成为让用工单位青睐的人力资本。

考察发现，在新生代农民群体中，外出务工能力与其受教育程度成正比。一般来说，受教育水平高的农民，走出农村的愿望更为强烈，且在城市就业也相对容易。新生代农民工绝大多数在城市接受过教育，因此对城市并不陌生。但相比于城市同龄的从业人员，他们仍处劣势。这主要体现在城市从业人员不但在猎取高薪就业机会方面比农村从业人员多，而且接受与职业发展相关的教育也较快捷，成本也更低。表3-5所示为2019年新生代农民工的学历情况①。

表3-5　2019年新生代农民工的学历情况

受教育水平	学历占比
未上过学	1.0%
小学文化	15.3%
初中文化	56.0%
高中文化	16.6%
大专文化	9.1%
本科及以上	2.0%

在全部农民工中，未上过学的占1.0%，小学文化程度的占15.3%，初中文化程度的占56.0%，高中文化程度的占16.6%，大专及以上文化程度的占11.1%，其中包括本科及以上文化程度。大专及以上文化程度农民工所占比重比2018年提高0.2个百分点。在外出农民工中，大专及以上文

---

① 国家统计局.2019年农民工监测调查报告[EB/OL].http://www.stats.gov.cn/sj/zxfb/202302/t20230203_1900710.html.

化程度的占14.8%，比2018年提高1个百分点；在本地农民工中，大专及以上文化程度的占7.6%，下降0.5个百分点。

四、就业环境

（一）国家对农民政策的变化

自新中国成立以来，党和国家一直重视农业。农业是一个国家和地区发展之基。解决了吃饭这一根本问题，社会才能稳定，才能营造一个适合经济发展的良好氛围。新中国成立70多年来，在不同的历史时期，党和国家制定的农民政策是不一样的。农民政策紧跟时代步伐，以解决问题为导向，问题发生了变化，政策随之进行科学的调整。在改革开放初期，总体上，我国对农村人口向城市流动采取管制措施。随着改革开放向纵深发展，党和国家的中心工作已经转移到经济建设上，城市和工厂的劳动力缺口加大，这时政策有所改变，不再限制农民进城，同时为了缓解经济建设对劳动力的渴求，开始引导大量的农民工进入城市，为城市发展提供了充足的人力资本。党的十八大以后，党和国家的农民政策又有了新的变化，为了能让农民在城市获得与城市居民同等的权益，与农民有关的各项政策的制定主要着眼于社会公平和社会建设。为了让农民能在城市舒适生活、愉快工作，各地出台了一系列政策性措施，比如户籍制度改革、随迁子女就近入学、租房与购房优惠政策等。

从宏观上来看，党和国家的政策制定会因为不同历史时期的社会问题而有所变化，通过政策优化改善农民工的生存与就业环境。而从微观上来看，农民在城市的生存和就业环境的提升有赖于经济与社会建设，更有赖于新生代农民工的自身素养、与城市居民的沟通互动能力以及积极参与社区活动的热情，这些因素直接与新生代农民工的生存环境密切相关。

（二）岗位环境

总体上看，与其父辈相比，新生代农民工的受教育程度要高一些，因此他们在城市的择业空间也更宽。加上当下经济与社会生活环境相比20多年前有了质的飞跃，他们猎取技术含量高、工作环境优越、薪资高的工作的机会要比其父辈多。20世纪90年代之后，在国际国内经济环境不断向好发展的情况下，企业管理中提出了优化环境管理指标，明确了企业管理要致力于改善员工的工作环境，提高他们工作时的舒适度。许多企业均对生产环境进行了技术改造，更新换代陈旧设施设备，从而提高员工的岗位环境舒适度。

五、新生代农民工外出的数量和结构

（一）外出新生代农民工的数量

学术界普遍认同采用年龄对农民进行分类，并将新生代农民定义为16—30岁的农民。《2019年农民工监测调查报告》中的数据显示：2019年，16—20岁的农民工占农民工总数的2.0%，21—30岁的农民工占23.1%（见表3-6），而2019年全国农民工总量达到29077万人。由此可以推算，新生代农民工的数量约为7298万人。

表3-6　2019年农民工年龄构成

年龄	2015年	2016年	2017年	2018年	2019年
16—20岁	3.7%	3.3%	2.6%	2.4%	2.0%
21—30岁	29.2%	28.6%	27.3%	25.2%	23.1%
31—40岁	22.3%	22.0%	22.5%	24.5%	25.5%
41—50岁	26.9%	27.0%	26.3%	25.5%	24.8%
50岁以上	17.9%	19.1%	21.3%	22.4%	24.6%

（二）外出新生代农民工的结构

1.学历结构

自 1999 年以来，高等教育逐年扩招，我国高等教育已经完成了由"精英教育"向"普及教育"的转变，因此，新生代农民工中大专及以上学历的比例有了明显提高。据国家统计局 2011 年统计的数据：新生代农民工的学历以中专、大专及以上为主，比例分别为 9.0% 和 6.4%，其父辈中，中专和大专及以上比例仅为 2.1% 和 1.4%；从平均受教育年限来看，新生代农民工为 9.8 年，而其父辈只有 8.8 年（见表 3-7）。随着时间的推移，新生代农民工在全体外出农民工中的占比逐年提高，他们当中大专及以上学历的人越来越多，当然这个群体的受教育年限也会越来越高。《2019 年农民工监测调查报告》中的数据显示：在全部农民工中，未上过学的占 1%，小学文化程度的占 15.3%，初中文化程度的占 56%，高中文化程度的占 16.6%，大专及以上文化程度的占 11.1%。在外出农民工中，大专及以上文化程度的占 14.8%。从是否愿意参加职业教育培训的维度来看，新生代农民工更愿意接受职业教育培训，主要是因为他们融入城市生活、定居城市的意愿比其父辈强烈。上一代农民工进城务工大多是权宜之计，如果赚够了钱，就会想着回农村生活，而许多新生代农民工则没有这种想法。

表 3-7　2011 年新生代农民工的人力资本特征

人力资本特征		农村从业劳动力	外出农民工		
			合计	上一代农民工	新生代农民工
受教育年限/年		8.2	9.4	8.8	9.8
文化程度及占比	不识字或识字很少	6.6%	1.1%	2.2%	0.4%
	小学	24.5%	10.6%	16.7%	6.3%
	初中	52.4%	64.8%	65.2%	64.4%
	高中	11.2%	13.1%	12.4%	13.5%
	中专	3.1%	6.1%	2.1%	9.0%
	大专及以上	2.2%	4.3%	1.4%	6.4%
参加职业教育培训的比例		14.3%	28.8%	26.5%	30.4%

2.输出地结构

城市农民工多来自中西部地区和东部一些经济不发达的地区。据《2019年农民工监测调查报告》中的数据显示：东部地区的外出新生代农民工比例达57.5%，中部地区和西部地区的外出新生代农民工比例分别为61.2%和56.3%，显然，中部地区的外出的新生代农民工比例高于东部地区和西部地区，超过了60%。一般来说，东部地区的新生代农民工，由于家处经济发达地区，他们更愿意在家乡就业。西部地区的新生代农民工，由于地理位置偏僻，文化程度不高，婚育年龄过小，为了能兼顾家乡，多选择离家近的地方就业，而选择外出的新生代农民工多是父母还年轻，无须照顾家庭。中部地区的新生代农民工，家乡区位优势不明显，在家乡找不到心仪的工作，再加上离沿海经济发达地区较近，高铁3—6小时就能到达，因此他们选择外出也能兼顾家庭。

3.输入地结构

既然绝大多数新生代农民工选择了外出，那么他们选择的务工地点又有什么特点呢？回答这一问题，就需要对新生代农民工输入地结构进行全面考察。从输入地来看，选择到东部地区、中部地区和西部地区城市务工的新生代农民工的比例分别是72.3%，12.9%和14.4%，由此可以看出新生代农民工更倾向于到东部地区务工。

4.性别结构

相比上一代农民工，新生代农民工中女性比例有了明显的提高，已经由上一代的17.6%上升到现在的34.9%，这是新生代女性农民工受教育程度提高的结果。新生代女性农民工外出的比例与其年龄密切相关（见图3-2）。由于社会赋予女性生育子女的社会角色，她们中的多数人不得不放弃外出的机会，专心生育子女，照顾老人。随着医学技术的不断提高，农村的医疗基础设施设备和技术水平不断改善，老人的身体状况较以前有了质的提升。加上新生代农民工的生育观有了变化，她们当中只生一个小孩的人群逐步壮大，这些事实让新生代女性农民工从繁重的养育子女和赡养老人的事务中解放出来，开始追求自己的理想。

图3-2　2019年外出农民工中女性的比例随年龄变化趋势[①]

从图3-2中可以看到，16—20岁的新生代女性农民工外出的比例最高，接近50%；而21—30岁的新生代女性农民工外出的比例下降速度最大，由接近50%降到了30%左右。总体来说，女性农民工外出比例随着年龄的增长而逐渐下降。许多农民工是在初中毕业后就涌入了"进城务工大军"中，此时，男性女性并无明显差异，而随着年龄的增长，女性由于生育或抚养子女的社会职能，开始退出"进城务工大军"的行列。本研究的调查显示，新生代农民工当中七成以上的人是未婚，1990年之后和2000年之前出生的新生代农民工结婚的只有三成左右，而2000年之后出生的新生代农民已婚的只有0.8%。绝大多数新生代农民工要在进城务工期间解决恋爱、结婚、生育和子女上学等一连串人生大事。

5.务工产业结构

新生代农民工由于学历层次和职业技能处于弱势，只有少数新生代农民工可以获得进入国有企业、外资（合资）企业的机会，且他们绝大多数是依靠体力获得工作机会。他们当中，有51%的新生代农民工从事的是第三产业的工作，这比2018年的数据上升了0.5个百分点，其中在交通运输仓储邮政业和住宿餐饮业工作的农民工比例均为6.9%，分别比2018年上升了0.3和0.2个百分点。从事第二产业工作的新生代农民占

---

① 此图根据《2019年农民工监测调查报告》中的相关数据绘制。

48.6%，相比 2018 年下降了 0.5 个百分点。其中制造业新生代农民从业比例为 27.4%，比 2018 年有所下降，下降幅度为 0.5%，而在建筑业略有上升，为 0.1%（见前文表 3-2）。

由于"中国智造"的进一步普及，在劳动密集型的制造业、建筑业企业中用工量越来越少，而第三产业由于人们有了大量可支配的闲暇时间和资金，用工量迅速攀升。总体来看，新生代农民工进城务工多集中在第三产业。

第二节　新生代农民工就业中的相关问题

出于研究的需要，全面而准确地掌握新生代农民工的就业状况非常有必要。据国家统计局官网数据中心 2011 年发布的专项分析报告《新生代农民工的数量、结构和特点》可知：①新生代农民工总人数为 8487万，占全部外出务工农民工总数的 58.4%。新生代农民外出务工人数首次超过其他年龄段的农民外出务工人数，也就是说新生代农民工已经成为农民工这一群体的主体。②与上一代农民工相比，新生代农民工文化素质整体较高；大多数人不再"亦工亦农"，而是全身心投入第二、第三产业中；从就业的行业来看，多集中在制造业，吃苦耐劳是新生代农民工最好的品质，这也是很多企业看中他们的根本原因。③从融入城市生活维度来分析，新生代农民工与城市居民还存在一定差距，部分新生代农民工有较大工作压力，对收入的满意度较低，在"市民"与"农民"的身份认同上还处于尴尬境地，他们当中有近一半的人都在为定居城市而努力。

一、收入偏低

总体看来，新生代农民工比上一代农民工在收入方面要高一些，他们的月均收入呈平稳增长态势，这主要得益于党和国家的富民政策和"中国智造"的迅速普及。绝大多数沿海发达城市出现了阻碍经济进一步增长的人力资本短缺问题，因此，各市争相出台各类优惠政策吸引年轻的劳动力，比如解决户口、子女入学等问题，最为关键的是优化就业环境，提高就业待遇。据国家统计局发布的《2019年农民工监测调查报告》中的数据显示：农民工月均收入3962元，比2018年提高了241元。农民工收入增长趋向稳定，其中，从事制造业的农民工月均收入为3958元，比2018年提高了226元；从事建筑业的农民工月均收入为4567元，比2018年提高了358元；从事批发和零售业的农民工月均收入略低一些，为3472元，也比2018年提高了208元；从事交通运输仓储邮政业的农民工月均收入为4667元，比2018年提高了322元。月均收入水平最低的是从事住宿餐饮业的农民工，他们的月均收入水平是3289元，比2018年提高了141元（见表3-8）。

表3-8　分行业农民工月均收入及增速

行业	2018年月均收入/元	2019年月均收入/元	增速
制造业	3732	3958	6.1%
建筑业	4209	4567	8.5%
批发和零售业	3263	3472	6.4%
交通运输仓储邮政业	4345	4667	7.4%
住宿餐饮业	3148	3289	4.5%
居民服务修理和其他服务业	3202	3337	4.2%
整体月均收入	3721	3962	6.5%

从整体上看，农村居民人均可支配收入相比城镇居民人均可支配收入还是比较低的，这也在一定程度上反映了新生代农民工的收入在城市人群中属偏低水平。[①]

二、就业保障有待提高

随着人力资源与社会保障事业的不断发展，我国在用工方式监管上

① 国家统计局.2019年居民收入和消费支出情况[EB/OL].http://www.stats.gov.cn/sj/zxfb/202302/t20230203_1900600.html.

有了史上最严格的制度，能有效满足职工的就业保障需要，但就农民工来说，就业保障仍有待提高。

（一）劳动合同

劳动合同就是这一制度中最重要的监管手段。签订劳动合同，能对主、雇双方的权利与义务进行科学、公平的规范、制约和保障。虽然新生代农民工在维护自己的合法权益意识方面强于父辈，但由于用工单位或个人原因，他们与企业签订正式劳动合同的比例并不高，并且一些劳动合同内容存在不合法、不合规等现象。尤其是具体追责条款不明确，细节未理清，权利和救济措施不健全等，一旦主、雇双方出现劳资纠纷，他们在维权方面就处于劣势。据国家统计局2019年的数据显示：未签订劳动合同的新生代农民占比42.4%，相比2018年下降了12个百分点。以上数据说明新生代农民工在法律意识和维权意识方面还须加强。

（二）劳动防护措施

为了避免劳动者在劳动过程中的人身安全受到伤害，企业需要向劳动者提供达标的劳动环境与条件。新生代农民工多在私营企业就业，其中部分企业安全生产意识薄弱，或是出于节省成本的考虑，劳动防护措施并不健全，用工环境和条件不达标占了六成以上。有研究数据表明：在需要有安全防护措施的工作岗位上，雇主能提供达标的防护措施的不到40%，而其他60%的雇主提供的防护措施也是不齐全的，甚至没有[①]。因此，新生代农民工进城就业环境堪忧。

（三）社会保险

相比之下，新生代农民工参加社会保险的比例要比其父辈高，他们的社会保险意识较强，希望通过社会保险提高自己就业的安全感。《中国

---

① 香映平,周伟,王雪毓,等.深圳市木质家具制造行业职业卫生基础建设调查分析[J].中国卫生工程学,2023,22(4):433-436.

社会保障发展报告（2019）：养老保险与养老服务》中的数据显示，进城务工的新生代农民工参加社会保险的比例已经达到了72.3%[①]，这与我国大力推行社会保险制度密切相关。许多新生代农民工在寻找就业机会时，首先考虑的是有没有"社会保险"。当然，也有因各种原因未参加社会保险的新生代农民工，比例约为27.8%。

值得一提的是，新生代农民工遇到劳动纠纷时会拿起法律武器为自己维权。从解决劳动纠纷的方式上来看，他们偏向采用劳资双方协商、法律途径和政府介入三种方式。

由图3-3可以看出，选择政府介入的比例最低，这就可能导致有些用人单位（主要指中小型私营企业）利用自己的优势而漠视农民工权益。为了保障自己的合法权益，新生代农民工首先要树立起法制意识和法律观念，学习有关法律法规；其次要依法办事，依法维权。

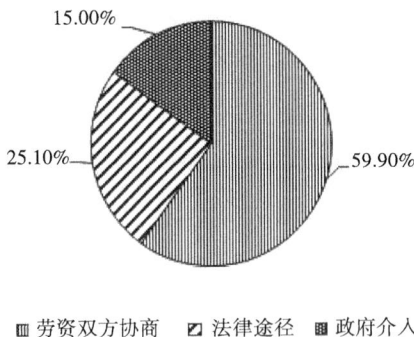

15.00%
25.10%
59.90%

▨ 劳资双方协商　▨ 法律途径　▨ 政府介入

图3-3　新生代农民工解决劳动纠纷途径所占的比例

三、就业稳定性较差

由于新生代农民工在学历、职业技能上存在诸多劣势，他们被替代的可能性极大，时刻面临失业的危险。此外，新生代农民工首次就业就能获得心仪的工作岗位的比例较低，因此他们对岗位的不满意率较高，

[①] 王延中,单大圣,龙玉其.中国社会保障发展报告(2019):养老保险与养老服务[M].北京:社会科学文献出版社,2019:45.

这是导致新生代农民工群体流动性较大、稳定性较差的重要原因。有研究表明：影响新生代农民工流动性的个体特征主要有家庭储蓄率低、未婚率高、家庭劳动力多等因素。此外，在年龄维度上呈现年龄越小流动性越大、年龄越大流动性越小的变化规律[①]。清华大学社会学系曾联合工信部做过一项调查，他们随机选取了2043名新生代农民工进行电话访问，结果发现：我国作为"世界工厂"的用工趋势呈"短工化"。新生代农民工7个月内换工作的比例占25%，20个月内换工作的比例占50%。虽然新生代农民工换工作的频率较高，但他们当中绝大多数平均每份工作持续时间为两年，两年后会有一个换工作的小高潮。如果一份工作持续干3年以上，那么这项工作基本上趋向稳定。高流动性对新生代农民工渴求安定生活造成一定的困扰，他们处于危机中已经成为常态，在这种情况下，为了获取"安全感"，他们会尽可能地增加储蓄，减少不必要的消费。

新生代农民工就业的高流动性，很大程度上是因为他们对现有的工作不满意，无论是薪酬还是社会保障上。相比之下，城市居民的工作薪酬高，社会保障高，他们对就业流动持较为谨慎的态度。许多新生代农民工在乎的不是找到一份职位高于现职的工作，而是收入水平要高于现职工作。导致他们有这种不在意职业发展的心态的主要原因是社会对新生代农民工的偏见，而这种偏见一时难以得到彻底解决，同时，这也限制了他们的职业发展的空间。此外，新生代农民工职业纵向流动比城市青年要少得多，因为他们在意的是薪酬的高低，而非职位的高低。导致这种情况的原因可能是新生代农民工没有意识到要积累自己的人力资本，或是不知道如何积累自己的人力资本；同时也可能是由于他们对自己的职业发展没有长远规划。基于生命历程理论视角来看，新生代农民工群体随着生命轨迹的变化，可供参照的社会时间表会丧失，因此他们在职场中流动性变数大。

---

① 柳建平,魏雷.两代农民工职业流动的影响因素及差异分析[J].软科学,2017(2)：38-43.

四、专业技能有待提高

众所周知，农村的教育资源不如城市，因而新生代农民工接受的教育层次并不高，而专业技能与综合素养是与其所受的教育水平密切相关的，所以导致其综合素养和专业技能在职场上均不占优势。新生代农民工群体中大部分人完成了九年义务教育，也有一部分人接受了大专层次及以上的教育，而这些人当中有一部分已经融入了城市生活，成为城市居民，因此，这部分人不在本研究的范围之内。虽说大部分新生代农民工完成了九年义务教育，已具备现代生活必备的知识储备，但缺乏与职业发展相应的知识与技能。有调查表明：新生代农民工平均受教育年限为9.8年[①]。通常来说，基础教育的职能是提高受教育者的心智发展水平，也是为接受专业教育打基础。从新生代农民工平均受教育年限可以看出，他们接受职业教育的比例并不高。成雁瑛和吴济慧的研究表明：新生代农民工参与职业教育培训的比例只有30.4%，这比2000年提高了20个百分点。职业教育培训对新生代农民工职业发展的意义是不言而喻的，通过职业教育培训能让从业者获得从事这一职业必备的知识，更是从业者增强个人竞争力、提高自身人力资本水平的重要途径[②]。

五、自主创业难度大

在"大众创业、万众创新"的时代，创新创业已经成为当代社会的主思潮，这种思想已经深深地植根于广大人民心中，新生代农民工也不例外，他们希望自己创业成功的愿望尤为强烈。但并非所有人都适合创业，对于绝大多数人来说，自主创业并非最理想的选择。适合自主创业的群体，一般要具有较强的意志力和雄厚的经济实力，当然丰富的管理经验也是必不可少的。虽然新生代农民工在城市闯荡了一段时间，具有

---

① 张新民.新生代农民创业教育与隐性人力资本开发[J].农业经济,2017(5):112-113.

② 成雁瑛,吴济慧.失衡与重构:新生代农民工职业培训的生态学分析[J].中国职业技术教育,2016(18):69-73.

一定的行业经验和技术技能，但他们当中并不是所有人都适合"返乡创业"。

目前，中西部地区地方政府开始优化"返乡创业"环境，出台旨在鼓励本地区农民工返乡创业的优惠政策，比如兴建"返乡农民创业园"、对本地农民工返乡创业注册的公司实施税收优惠政策等。

新生代农民工决定创业之前需要解决创业项目、创业资金、创业场地、管理经验、扶持措施和产品市场等问题。新生代农民工中有26.3%的人选择"自主创业"，但真正成功的不足5%。创业失败后，他们急需要家庭、社会给予他们一个宽容的环境，鼓励他们东山再起。地方政府也要为他们营造一种"允许试错、鼓励创新、宽容失败"的创业氛围。

第三节 新生代农民工的职业发展困境

一、因工作拓展力较差，难以适应智能工业发展需要

农业生产方式大多是以劳动密集型的驱动方式推进的，并没有严格而固定的工序。而工厂化生产为了提高生产效率，每个生产环节都有严格的标准，实行的是流水线作业、精准化管理，这与农业生产方式差别明显。也就是说，新生代农民工要想融入城市生产与生活，首先要认同现代化工作模式，严格遵循什么时间干什么事，并要在规定的时间节点完成，绝不允许滞后，否则会严重影响下一个工序的操作。时间控制是工业革命之后的一大创举。工业生产是以严格执行时间表来保证的，当然，守时也是对从业人员现代职业素质的集中检视，还是现代工业发展的重要标志。

新生代农民工生长在农村，守时观念相对淡薄，如果不有所改变，是很难适应现代城市生产与生活的，更谈不上在城市里获得更好的发展平台。现代化的工作模式的另一个特点就是机器开始智能化，机器的生产效率要比人高，但需要人在规定的时间节点给予正确的指令才能完成

生产任务。有人曾形象地打了一个比喻：机器就是人手的延伸，更是现代化的标志。从机械原理上来看，机器功能的实现是依靠轴承与杠杆等部件，而人给机器下达正确的指令就是应用机器进行工业生产，这是工业革命后高效生产的重要标志。当然，应用人力主要是指人的智力。应用机器和应用人力是工业文明与农业文明的基本特征。新生代农民工必须接纳机器，同时还要爱上机器。抱着这种态度，才能努力学习适应工业生产模式的知识与技能，以胜任城市提供给自己的工作岗位。当前，智能化潮流日盛，新生代农民工不仅要掌握机器操作相关要领，还要学习智能化机器操作与维护的专门知识与技能。可以说，绝大多数新生代农民工的工作模式是与机器应用分不开的，但他们掌握机器操作与维护的知识与技能相对吃力。

二、因胜任工作岗位有限，难以实现有效就业

前文已经阐述了新生代农民工进城工作最大的劣势就是学历层次低，专业知识和专门技能缺乏，因此，他们获得产业链高端的工作岗位的机会非常少。有调查数据表明：新生代农民工从事的岗位主要有四大类，即制造业、服务业、建筑业和零散工。第一类是制造业。随着制造业生产智能化逐步普及，在制造业从业的新生代农民工比例由 2012 年的 46.6% 下降到 2019 年的 27.4%，这是因为智能化后，制造业需要的是能操作智能化机器的应用型人才，且需要的劳动力数量越来越少，质量越来越高，这与"中国智造"是相符的。新生代农民工要想继续在制造业工作，就需要对自己进行职业教育投资，学习先进的操控智能化机器的知识与技能。第二类是服务业。信息时代的服务业同样需要从业人员具有一定的信息化素养，现代服务业的内涵相比传统服务业有较大拓展。新生代农民工从事服务业的比例在近几年急剧增长，2019 年已经增长到 51.0%。城市生活的舒适与快捷离不开这些从事服务业的新生代农民工。第三类是建筑业。城市发展离不开各类基础设施和高楼的建设，建筑企业用工主要来自农村剩余劳动力。自 2019 年起，从事建筑业的新生代农

民工数量增长有所减缓，所占比例为18.7%。随着房地产日益降温和建筑技术的不断发展，从事建筑业的新生代农民工的数量会越来越少。此外，由于建筑业的工作相对辛苦，一些新生代农民工吃不了这样的苦，随着老一代农民工离开工作岗位，这种以师傅带徒弟的培训模式的行业出现后继无人的现象也是必然。第四类是从事短期零散工的自由职业者，只占4%。这部分人绝大多数没有完成九年义务教育就出来打工，由于缺乏专业知识与技能，他们在城市里很难获得较为稳定的工作岗位，只能做一些短期零散的工作。本研究在苏州市随机选取了42名做零工散工的新生代农民工，他们当中有21人从事搬家工作，8人在工地打小工，10人从事板车送货工作，3人为其他小工。他们的共同特征是都没有完成九年义务教育、家庭经济困难、兄弟姐妹多。在城市里，他们基本上是临时召唤，工作时间不稳定，工作强度大，报酬还偏低，靠出卖体力换取微薄的收入，谋生极其艰难。

第四节　新生代农民工的职业发展前景

一、职业特点

目前新生代农民工的工作环境和工作负荷都有较大改善，但就业岗位仍是以生产线上的操作工居多，属劳动密集型岗位。虽说有少数新生代农民工可以获得职业中端岗位，但还是处于生产链的低端，就业性质决定了他们的工作薪酬较低。此外，新生代农民工工作生活圈狭窄，其职业特点和工作环境决定了他们以同乡圈和同行圈为主。他们的生活水平差不多，关心的问题也趋向一致，工作生活相对封闭，很难突破现有的工作生活圈，与社会其他层面有所关联。虽说他们可能变成同类人群中的"能人"，但获取系统化的培养和全面发展的机会还是相当困难的。

二、职业发展的制约因素

（一）人力资本发展缓慢

联合国教科文组织国际教育发展委员会编写的《学会生存：教育世界的今天和明天》中明确提出：在以信息化技术为支柱的现代化社会里，学习能力是赢得未来的核心竞争力，同时，学习将成为一种常态生活方式①。早在20世纪90年代，人们就意识到未来是一个学习的时代，终身学习将成为适应未来变革最为有效的手段。新生代农民工和其他群体的个体一样，都希望自己获得职业成功，为此他们一边要承担起养家以及生养子女的重担，一边还要为提高自己的人力资本水平而不断学习，参加各类与自己职业相关的线上线下相结合的学习课程。当然，也有一些人最初进城的目的就是赚钱，改善生活，对自己的职业并没有长远规划。并且由于知识水平所限，他们无法理解教育投资对自己的人力资本升值的意义，更理解不了"鱼"与"渔"之间的辩证关系。从现实视角来看，那些在职业上发展较好的新生代农民工，大部分是接受系统的职业教育之后才获得各类升迁机会的。由此可以看出：职业教育在新生代农民工当中的市场前景是乐观的。

（二）缺乏职业发展规划

通过微信、QQ等聊天工具与新生代农民工访谈发现：在问及他们进城的最终目的是什么时，有90%的人回答是"赚钱"，只有7%的人回答是"想留在城市"，还有3%的人没有答案。当问及赚到了足够的钱，下一步你想干什么时，绝大多数人回答是"回家造房子、买车子、结婚"等。从新生代农民工的回答中我们不难看出：他们进城的目的相当现实，就是要改善自己的生活。但当问及如何实现这一目的时，他们当中绝大

---

① 联合国教科文组织国际教育发展委员会.学会生存:教育世界的今天和明天[M].华东师范大学比较教育研究所,译.北京:教育科学出版社,1996:24.

多数人都很茫然。由此看来，他们对自己的职业发展没有规划，也不懂如何规划。实际上，职业发展规划是现代城市化、工业化的思维方式，对于新生代农民工来说，他们对职业规划的意识不强。而职业发展规划的具体内容包括专业技能、通用技能和管理技能等，这些是确保他们胜任现代城市工作岗位的技能。新生代农民工要想掌握上述技能，除了自己的主观意志努力之外，还需要政府给予扶持政策。此外，仅靠新生代农民工个人力量是很难达到的，所以，借助团体的力量是最佳选择之一。

三、职业发展空间

（一）新生代农民工职业发展空间的客观判断

坊间有一句流传较久的顺口溜："70后"不愿种地，"80后"不会种地，"90后"不谈种地。这句顺口溜生动形象地描述了当代农民职业迁移的动向。当下，有不少新生代农民工通过打工积蓄了一定的资金，加上各地政府支持农业发展的优惠政策，他们有了返乡经营农业的想法，但是缺乏与现代农业生产相适应的知识与技能。为了打消他们的顾虑，在江苏省委、省政府的统一规划下，江苏农牧科技职业学院、江苏农林职业技术学院和江苏农民培训学院相继招录这部分农民入学，积极响应党中央、国务院提出的"大力发展农民职业教育"的精神。从三校的培养方案来看，新型农民不能狭隘地理解为直接从事农业生产的人，而是应包括涉农经营和进城务工的所有具有农民身份（农村户口）的人。从这个逻辑上来看，新生代农民工职业发展的空间非常广阔，但从职业发展纵向上来看，仍处于职业阶梯的底层。

新生代农民工要想改变自己的命运，实现从职业阶梯的底层上升到自己理想的阶层，一般有两种途径：一是技术途径，二是管理途径。新生代农民具有年龄上的优势，接受新鲜事物的能力和学习能力均较强，在40岁之前掌握一门专门技术还是非常有可能的。从行业差异来看，在制造业上，通过技术途径实现职业阶层的提升是广大新生代农民工的首选，而这种职业发展途径相对公平。在一些劳动密集型产业里，他们由于受到学历、人际资源等方面的限制，职业晋升比较困难，因此，通过管理途径提升职业阶层实属困难，而通过技术途径提升职业阶层，即新生代农民工走"模仿—精细化—创新"的路径，是完全可能的。

前面已经分析了新生代农民工的职业特点，也对他们的职业发展制约因素做了一定的分析，得出了新生代农民工职业发展空间的拓展比较困难的判断。他们要想改变这种状况，首先要从社会生活圈子进行突破，尝试跨界接触，为自己谋求横向发展的机会。突破社会生活圈子最有效的方法就是接受职业教育，拓展自己的社交关系，并稳固它。职业教育能提高他们的职业技能，还能突破他们的社交圈子，改变他们的命运。

（二）新生代农民工职业发展的困境与成因

1. 基础条件：工作的企业经营规模相对较小，组织意识不强

本研究调查的新生代农民工多数是在中小型私营涉农企业供职，而这些企业大多规模不大，员工的组织意识也不够强，对企业没有归属感。

从经营规模上来看，本研究调查的连云港市农民对农业生产投入的资金多数在30万元以下（约占72.3%），当被问及"你创办的特色休闲农业组织有多少聘用期超过6个月的固定员工"时，有65.6%的人回答他们没有聘用超过6个月的固定员工，都是根据业务的淡旺季来雇佣不同数量短时临时工。只有13%的农民在农业生产经营组织中聘用了3~5个聘用期超6个月的员工。由此说明，连云港市农民农业生产经营组织的规模并不大，拓展的空间虽大，但有困难。导致这一现象有两个方面的原因：

一是连云港市地处苏北，区位优势不明显，周边虽有临沂和宿迁两大物流集散中心，但物流成本仍很昂贵。而高成本在很大程度上压缩了农民创业空间，也极大地挫伤了农民的创业信心。当问及"你参与哪些农业生产经营组织"时，选择自己愿意从事农产品加工与销售的龙头企业的人数占受访者总数的7.3%，而选择农产品仓储与物流龙头企业的人

数略高，占10.2%。由此可以看出，新生代农民工并不想一直为他人打工，他们早就有了自主创业的打算。一旦机会成熟，他们就会付诸实施。这种矛盾心态在当下新生代农民工当中普遍存在。

二是因为连云港市过于单一的信息采集方式和产品销售渠道阻碍了新生代农民工拓展和扩大生产规模的动机。事实上，连云港市处于"苏南经济"和"鲁东南经济"双重挤压的尴尬局面，尤其是青岛、日照和临沂的农副产业向南扩张，使得连云港市农副产业发展倍受影响，加上连云港市经济实力相对薄弱，用于支持本地农副产业发展的资金并不多。以上两方面的原因是导致连云港市农民"进退两难"心态的根本原因。

除了经营规模上存在劣势，在组织观念上也不理想。调查发现：虽然有23.3%、21.6%、24.3%和21.0%的农民分别参与了种植、养殖、家庭农场和农副产品销售与物流等农业生产经营组织，但这些数据相比于苏南地区是非常低的。这也就意味着有很多农民并未参与到各类农业生产经营组织中来。这些未参与农业生产经营组织的人群除了外出务工的农民之外，还有就是沿袭了传统农业生产思维。此外，农民专业合作社是一种自愿参加的民间组织，没有法律效力，参加的成员可以随时退出。因而，他们的组织意识不强。

结成农业生产经营组织的初衷是要发挥统一价格、质量、包装、销售等功效，但由于农民的组织意识不强，致使多数农民走向了农产品自产自销的道路，这必然会影响农民专业化发展。由此可以看出，要想实现农民专业化发展，首先要提高农民的组织意识，强化农民经营组织的科学化程度。

2.素养水平：市场竞争意识较弱，品牌意识不强

农民专业化发展目标的实现与他们自身素养水平的提高是分不开的。就江苏省而言，南北差距较大，农民的素养水平也与经济发展水平相一致，呈现出南高北低态势。归结起来，主要有如下特征：一是农民市场竞争意识"南强北弱"。农民的这种市场竞争态势是由于苏南城市经济发达，从而带动了农村经济快速发展，农民亦农亦工的职业身份使得他们

的市场竞争意识与城市居民相差无几；而苏北地区属传统农业区，现代农业正在兴起，但不占主体地位，绝大多数农民仍沿用传统的耕种方式，他们的市场竞争意识弱是与其传统农业思维分不开的。当问及"面向市场生产时的底线"时，苏南地区的农民选择"打开市场，为后期扩大规模生产奠定基础"的占了70%，只有不到18%的人选择了"基本做到消费者不出事"，还有5%的人选择了"无所谓，只要能赚钱就好"；而苏北地区农民选择后两者的居多，比例分别为58%和31%。当问及"你所生产的农副产品的销售渠道"时，苏北地区的农民选择自己运到当地集市售卖的占了79%，选择向当地城市各大超市推销的只有21%；相比之下，苏南地区的农民的选择正好相反，选择前者的占3%，选择后者的占97%。在问及"是否有打算创立自己的农副产品品牌"时，苏北地区农民与苏南地区农民回答相差悬殊，也就是说苏北地区农民的品牌意识较弱，而苏南地区农民的品牌意识强烈，他们当中有59%的人注册了自己的商标。当问及"是否愿意接受营销技术和培训"时，苏北地区农民选择接受的比例高于苏南地区，这是因为苏南地区农民已经掌握了最新的营销技术，他们不需要此类培训。在问及"信息技术应用技能运用的熟练程度"时，苏北地区农民选择"不会应用"和"应用水平一般"的居多，而苏南地区农民选择"能熟练运用的"超过了90%。以上种种数据，无不说明了江苏省农民的市场竞争意识呈现"南强北弱"的特征。导致这一现象的原因无外乎以下三点：一是在认识市场在资源配置中所发挥的作用上，苏南、苏北地区的农民存在差异，苏北地区农民的市场主体意识并未完全觉醒；二是苏南、苏北地区的农民的文化素养水平不同，苏北地区农民的传统农业思维没有彻底扭转；三是由于信息素养上的差异，苏南、苏北地区的农民在获取市场信息的渠道上存在显著差异。

3.环境氛围：环境优化尚有空间，政策支持执行不到位

在现代农业发展环境和政策支持执行方面，江苏省也存在南北差异。虽说江苏省的现代农业发展环境和惠农政策整体较好，但也存在南北失衡的现象。从总体上来看，它也妨碍了农民的专业化发展。在调查农民

的社会地位时，苏南地区认同"农民社会地位有了质的提升"的占66%，而苏北地区认为"农民社会地位低"的占到了56%，并且有近78%的调查对象不愿意让自己的子女当农民。当问及"您所在的地方是否提供农技服务"时，苏北地区的农民选择"没有"的占35%，选择"偶尔提供"的占13%。而苏南地区比苏北地区要好得多，各县（市）农科所和乡镇农技（站）会定期向农民提供各类专业指导与服务。由此可以看出，苏北地区农民专业化发展的环境不容乐观，虽然苏北各地级市成立了"农民培育指导站"，但这些机构由于缺乏人员编制的原因，专业人才相当匮乏，再加上农民培育任务重，农民培育指导站在农民专业化发展上所发挥的作用不大。

在农民专业化发展的政策层面上，江苏省的情况也不容乐观，存在不少需要优化的地方，比如农村信贷服务水平低，经常发生信贷政策执行不到位的现象，地方政府在技术扶持、销售引领和后续管理方面打折扣的现象明显。虽说苏南的情况略好，但也存在"跟踪服务不到位，或是少到位"的现象。以上种种问题与地方政府对农民农村农业问题的认识高度不无关系，当然，农民的经济效益没有达到预期水平，农村城镇化水平、农技服务水平不高也是导致上述问题的原因。最为关键的是各类惠农政策在执行上"打折扣"。

（三）新生代农民工职业发展的创新理论路线

经上述调查发现：江苏省农民专业化发展的整体势头良好，但也有不少发展难题，比如南北发展不均衡、东南沿海沿江地区与西北内陆地区在发展农民职业教育中的主体地位不明确等。如何进一步在巩固农民专业化发展现有成果的基础上破解农民职业教育发展的瓶颈问题，扩大农民成长的空间，提升农民专业化是地方政府必须直面的问题，需要提前谋划布局，创新工作方式。

1.强化农民专业化发展组织保障

随着经济与社会的不断发展，绝大多数农民走出农村，开始了自己的"追梦"旅程。这使得农村社会结构持续分化。这也导致了农村社会组织的凝聚力和内生力并不高。当然，这与当前一些农村地区的农业生产规模是分不开的。家庭联产承包责任制在改革开放初期极大调动了广大农民的生产积极性，粮食产量逐年攀升，但随着市场经济体制逐步成熟，"单打独斗"的农业生产经营方式已经不再适应当前的经济发展步伐，而只有农业生产规模化才能提高生产力，实现农民增收的目的。为此，各地政府要全面深入持久地贯彻落实党和国家的"精准扶贫"精神，以基层党组织建设为契机，重构农村社会组织，让农民组织起来，结成村社共同体，为"富民"和农民专业化发展提供坚实的组织保障。

（1）引导"先富"力量，带领村民走上"共富"之路。

村社共同体是基层党组织在党和国家惠农政策的指导下积极引导组建的，是党组织为农民专业化发展创设的优质组织环境。这种村社共同体实质是党组织尊重经济发展规律，科学地引导"先富"起来的农民帮扶其他农民，以提高农村的整体富裕率。村社共同体的建设关键要有一个坚强的农村基层党组织，因此，加强村级基层党组织战斗堡垒建设是地方各级党组织的中心任务。一般来说，加强基层党组织建设可参考以下三种路线：一是充分研究当地资源禀赋、产业特色和农村文化，根据当地的实情将党组织建在农村产业链上，建在专业合作社中。之所以要建在产业链上，建在合作社中，是因为这样便于党组织领导农民专业化发展，发挥农村基层党组织在"精准扶贫"中的组织、引领、监督作用。要让基层党组织强起来，体现其教育党员和团结群众的坚强堡垒作用。二是要实现农村新产业、新业态和新兴现代服务业的有机融合，把先富起来的农村党员聚集起来，用榜样示范作用来感召群众，让他们在产业链上和合作社中真正得到实惠，最终驱动农民专业化高水平发展。三是基层党组织要积极开展诸如"雏雁孵化"之类的行动，以此驱动农村人力资本增长。人才是发展的根本，重视党组织在农村人才链上的作用，就是要从农村后备干部、农村"先富"能人、行业精英、返乡创业英才和退伍转业军人等人群中选择那些思想觉悟和管理水平高、示范作用和经营能力强、市场意识浓的优秀人才重点培养，为农村基层党组织发展储备干部。

（2）营造适合农村组织成长的环境，实现"场社兴、标杆立"。

规模化经营是农业发展的必由之路，是现代农业的发展方向，这就决定了农民组织是中国农业经济与社会发展的时代要求，更是农村经济与社会发展到一定阶段的产物。党和国家一再强调要大力扶持农民组织，培育新兴农村经济主体，就是要培育具有现代市场意识的新型农村产业经营实体，尤其是要做大做强农民专业合作社，以此来繁荣家庭农场、种植大户、养殖大户和农产品经销组织等实体的规范发展。具体做法有以下几个可以参考：

一是要健全相关法律，确保农民组织的合法地位。这一点至关重要，它是各项扶持农民组织的政策不打折扣执行的前提条件，同时，从法律上确保了农民组织的合法地位，就能解除农民加入各类农民组织的后顾之忧，强化他们的组织意识，从而彻底清除阻碍现代农业规模发展的路障。二是农民组织模式要进一步创新，变过去松散的组织为现在真正的"抱团"发展。可以借鉴工业上的改革经验，采用买断式、合同式、合作式和股份制的模式强化农民组织的结构力，变松散的组织形式为合法的法人主体，全面鼓励各类农民组织跨区域、跨行业实现纵向和横向联合，以驱动、示范和利益诱导的方式增强农民的凝聚力。在此基础上，挑选一些影响力大、凝聚力强、经济效益好的农民组织作为品牌向外界推介，再借助宣传的力量，最大限度地驱动全体农民加入各类农民组织中来。三是利用各大媒体和自媒体等宣传工具，为农民组织发展创造良好的舆论环境。当地政府要对那些组织化程度高、市场效益好的农民组织加大宣传，有条件的地方还可给予一定的政策优惠和资金奖励，以此来激励各类农民组织加强组织建设，提高组织化程度，不断增强农民个体加入农民组织、参与市场竞争的战斗意志。教会农民学习、模仿、创新和挖掘先进地区农民组织经验，以此提高农民组织的活力。

2.提高农民专业化发展的素养水准

随着科学技术的不断进步，涉农科技成果转化为现实生产力的步伐在全力加速，应用这些技术的农民的专业化发展的素养水准也要相应提高。就江苏省而言，现代农业发展的势头一直向好，由南向北拓展，势如破竹。但在苏北地区存在一些政策宣传不到位、内卷化现象严重等问题，使得苏北地区农民经营管理水平不及苏南地区的农民。苏北地区农民的市场竞争意识从纵向来看，得到了极大提高，但从横向来看，与浙江、上海和苏南地区相比仍然存在较大差距。要想改变苏北地区农民专业化发展的尴尬局面，建议当地可以从农民职业教育改革和创新，健全政策激励与引导机制，培育有文化品位、有责任担当、有创新竞争意识的新型农民等方面入手。

（1）结合时代需要，全力推进农民职业教育改革和创新。

众所周知，人才是发展的根本。农村之所以发展滞后，是因为农村的人力资本匮乏，大量的人才流向城市，使得驱动农村经济与社会发展的人力资本少之又少。经过40多年的改革开放，我国取得了举世瞩目的成就，先富起来的发达地区开始以结对帮扶的形式帮助欠发达地区的农村开启致富之路，大量的资金、人才开始注入，农村迎来了前所未有的发展机遇。但农民的专业化素养水平相对较低，这就需要在提升农民的专业化素养上大做文章，努力将农民培育成为有思想、有文化、有能力的新型农民，符合农业农村现代化发展的需要。培育新型农民，一定要全面了解当地农业产业结构与农业特色经营的现状，结合农业农村现代化需求，大力推动农民职业教育创新与改革。

地方政府要在重视提高九年义务教育质量的基础上，提高农民职业教育投入比例，吸纳具有先进理念、掌握先进职业技能的师资；建设农民职业教育基础设施并制定激励政策激发农民自主创新；制定适合本地农村经济发展的优惠政策，宏观调控职业院校结构和城乡教育布局；在地级市设立"农民培育指导站"指导县级职教中心的业务，以县级职教中心和乡镇农技站为支点，构建现代农民职业教育体系，为全面巩固

"精准扶贫"成果、实现乡村振兴培育急需的懂技术、善经营、乐帮人的新型农民。

在具体教学中，要以农民身边的案例为主，采用线上与线下相结合的混合式教学模式，发挥全国通用精品教材和体现本地特色的乡土教材的协同作用，组织本地职业院校和农业科研院所的专家学者开发精品慕课、精品教材和在线开放课程等教学资源供广大农民自主选择学习。在农民职业教育改革与创新中，要重点抓好"四个对接"，即教学过程与生产过程、课程设置与产业结构、课程内容与岗位要求、人才链与产业链四个无缝对接。培育新型农民的目的就是早日实现农业农村现代化，因此新型农民培育应与农村经济与社会发展相互支持，形成深度耦合态势。各地政府要突出地方农业特色，发展多种经营，有针对性地遴选一些有潜力、有竞争力的项目，以品牌带动全局，实现"抱团"发展，闯出一条以农业产业优化升级为主线，以发掘区域内外市场需求为导向，以专题培育为主要形式，以遵循理论与实践、学习与实训、科研与实用全面结合为原则的新型农民培育路子，提高新型农民的各类职业技能和经营水准。

（2）以政策激励为主、资金奖励为辅，积极引导培育懂农业、善经营的新型农民。

如今智能化已经开始在现代农业中普及，在不远的将来，从事农业生产的各类智能机械将大批量应用于农业生产，全面驱动农业高质量发展。这势必要求农民应具备操作和维护这些智能机械的专业知识与技能。同时，国内外市场日益严峻，使得我国现代农业的发展也面临着许多挑战，但党和国家给予了足够支持，如惠农政策、科技服务、资金注入、市场扶持等。前文已经提到人才是现代农业发展的内燃机，考虑到农民文化程度低是一个不争的事实，如何使他们懂农业、善经营是地方政府必须解决的紧迫问题。我们的建议就是可以采用"引育结合"方式向他们提供合适的行业知识、管理技能、市场拓展课程，精准施教，着力提升他们的职业素养。

首先是要制定有助于农民专业化发展的激励政策。这些政策制定的初衷是激励那些懂现代农业经营、知现代企业管理、通市场拓展的专业人才（城市居民和大学生）成为新型农民，并以他们创新创业的真实故事来促进全体农民职业素质的提升。其次是强化民风、村风和家风教育。新农村建设不仅仅是提高农业产业效益，还应重视培育农民正确的职业发展观。在新农村建设中全力落实社会主义核心价值观，为早日实现中华民族伟大复兴的中国梦奠定思想基础。在农村，要以破除封建迷信、增强农民法制意识为抓手，帮助农民树立严守道德底线的意识，增强农民的社会责任感和历史使命感，形成感恩祖国、回报社会的伦理观，通过对农民的思想道德教育，使全体农民成为新一代有思想、有道德、有文化和有责任担当的新农民。最后是优化制度供给。农民教育，顾名思义，就是要提高农民职业技能，增强他们的创收能力。就我国当前农民的从业情况而言，农民从事行业覆盖了经济社会中的所有行业。这里所说的优化制度供给，主要还是指农业或是涉农产业的相关制度。比如各地政府可以以农技服务体系、新组织的农民组织、农业示范区和涉农龙头企业等新型经营主体为依托，科学地优化评价考核、培育激励和资源保障等制度。在培育新型农民的方式上，可以采取岗位培训、专题指导、互助互促、技术咨询、成果展示等方法提升农民的职业素养。有条件的地方可推行农民职业证书制度，对那些接受职业教育达到岗位要求的农民颁发相应的证书，以证书作为享受各种优惠政策的先决条件。

3.优化农民专业化发展的社会环境和政策氛围

任何事物的发展势头是否良好，很大程度上受外界环境影响，农民专业化发展也不例外。就江苏省而言，虽说江苏省的农民专业化发展具有优质的社会环境和政策氛围，但也存在一些不尽如人意的地方，这些不尽如人意的地方是由多种原因相互交织在一起造成的。为了优化农民专业化发展的社会环境和政策氛围，建议从以下几方面着手开展工作：

（1）规范新型职业农民认定工作，优化农民专业化发展的市场环境。

随着现代农业的兴起，过去的农民身份与现代农业发展显得格格不入，不仅不利于现代农业的发展，还有碍于农民群众吸引先进人才，因此需要彻底破除农民的身份属性。破除农民身份属性的第一个措施就是全面推行新型职业农民认定工作。新型职业农民认定工作要从以下三个方面入手：一是要以政府主导，农民自愿，同时兼顾因地制宜、因人而异的原则，科学构建新型职业农民认定指标，重点以职业素养水平、接受职业教育情况、掌握的专业知识与技能水准、生产经营规模和产生的经济效益为认定指标体系的支点，根据不同的职业属性对新型职业农民证书分类、分级。二是要重视新型职业农民证书申请条件的设定、申请材料的审核、建档立册和证书发放等工作流程，以职业农民培育指导站、农业广播电视学校、政府职能部门等机构为实施主体，建立新型职业农民大数据平台，新型职业农民电子认证流程均可以在平台上完成。这样可以有效杜绝"新型职业农民证书"造假现象的产生。三是要以县级农业农村局为主体，建立新型职业农民认定机构，协同各类职业教育培训机构帮助农民达到新型职业农民的标准。同时，要加大农民职业教育投入，制定并施行农民职业教育发展激励政策，确保农民教育与认定零对接。

（2）建立健全法规制度，优化农民专业化发展的政策环境。

随着农民身份属性向新型职业农民转变，要想巩固新型职业农民的社会地位，就需要建立健全有助于农民专业化发展的相关法律法规和制度。这是确保农民专业化发展政策不打折扣执行的根本保障。建立健全农民专项法律法规的目的是规范农村剩余劳动力输出，统一城乡劳动用工制度，彻底破除阻碍农民专业化发展的无法可依的困境。建立目标考核制度是为了探索新型职业农民进出机制。允许人才自由流动是活跃经济发展的前提条件。因此，建构以农民专业合作社和家庭农场生产标准为主要内容的评价指标体系势在必行。该评价指标体系要以标准化产生、农产品加工工序、信息化水平和绿色发展为主要评价指标，引入网络化、数据化管理模式，定期或不定期对新型职业农民数据库中的新型职业农民进行核查、统计和更新，实施严格的动态管理，以提高"新型职业农民证书"的含金量。对于不达标的,坚决取缔其证书,同时撤销其享受的各类优惠政策和补贴。农业生产最重要的要素就是土地,因此完善土地承包制度作为当前最紧迫的工作应该尽快安排上地方政府的议事日程。为了进一步发挥土地在农村经济中的作用,一定要加速农村土地确权登记颁证的进程,尤其是要彻底厘清农村土地的"三权"关系,同时在法律上确立土地承包关系长时间不变。这为农民采用人股、抵押、担保和流转等形式增加财产性收入奠定了法律基础。正是由于利用土地增加财产性收入的各种形式具有法律保障,才能激励农民根据自己的实力扩大规模经营。综观国内外现代农业发展的成功案例不难发现,建立优先支持现代农业发展的利益共享驱动机制是非常必要的。这一机制需要地方政府在财政、税收、金融和保险等方面向农民倾斜。在农民有考察学习、项目申报、金融信贷、评优、品牌认证需求时,地方政府应给予农民优先权。

(3)加大宣传力度,优化农民专业化发展的舆论氛围。

社会舆论氛围直接影响着农民专业化发展水平。因此,地方政府要主导有利于农民专业化发展的舆论的营造,发动区域内的各大媒体和自媒体等对农民专业化发展进行正面宣传。地方政府每年需要树立一批典型人物,以榜样示范作用引领广大农民积极了解党和国家关于"三农"问题的相关政策、法律和制度。在信息技术全面普及的今天,地方政府可以依托微信、微博、抖音、小红书等自媒体平台,不断对农民专业化发展的重要性,尤其是要对经农民培训取得高质量经济效益的项目给予重点宣传。

第四章　新生代农民对职业教育的
需求调查与分析

在新生代农民的生命历程中，从农民到农民工，再由农民工向市民转变是一个艰辛的蜕变过程，不仅受时代背景的制约，还受新生代农民自身认知水平的限制。当前，一些经济发达的省份开始尝试出台有利于农民向市民转变的相关政策，比如户籍政策、社保政策等。2020年是全面建成小康社会的收官之年，在这种时代背景下，新生代农民要想既从形式上又从实质上转变农民身份，不仅需要突破户籍限制，更需要为了适应城市工作与生活而不断进行自我提升。

新生代农民如何实现自我提升和成长呢？在当前社会发展的大背景下，最为有效的途径就是接受职业教育。简而言之，新生代农民可以通过职业教育再成长。从人力资本增长的视角来看，新生代农民接受职业教育，实质就是优化农村人力资本，提高个体价值成本，这样能有效提高劳动生产率，生产出更多、更优质的社会产品，最终在原有的经济收益的基础上实现增值。这个过程不仅能帮助新生代农民实现增收，摆脱经济拮据的窘状，还能为他们融入城市生活获取更多的机会，提高融入城市生活的成功率。从教育内生价值视角来看，职业教育能开拓新生代农民的视野，激发他们进行自我认知，最终从内心产生更高的价值追求，以自我价值实现来驱动社会价值实现，最终实现更新、更高的目标。与此同时，随着接受教育的层次不断提高，他们掌握了岗位规定的专业知识和职业技能，并在此基础上有所超越。这时，他们在城市获取自己心仪的工作的机会将大大提高，社会地位也会得到提高，从而融入城市生活的阻力会大大减少。

新生代农民由于受教育程度较低，导致他们在专业知识、职业技能、社会交往等方面有较大的短板。由此看来，新生代农民市民化的阻碍主要是自身人力资本较低，没有达到被城市接纳的要求。他们要想提高融入城市的能力，就需要加强学习，提高自身人力资本含金量，通过接受职业教育来提高自己的各项素质。

第一节　新生代农民的职业教育需求

科技的不断进步对经济与社会发展的驱动力越来越大，而应用型人才也要相应提高自身素养，以便适应现代产业发展的节奏。在这种大形势下，新生代农民逐渐意识到教育对他们职业发展的重要性，职业教育能让他们获得应用新科技的知识与技能，让科技转换为现实生产力，从而达到科技促进经济与社会发展的目的。从新生代农民自身发展的角度来说，职业教育能让其掌握一技之长，提高获取较好就业机会的能力，而这种能力能让他们的职业发展获得持续的动力。正因如此，职业教育在新生代农民中广受欢迎。

众所周知，人们对生活有了较高期望后，就会想办法实现这一期望。在实现这一期望的过程中，对于那些能力强、素质高的人来说，无须接受再教育，通过自己的努力就能达成自己的期望。但对于受教育程度较低、能力较差的人来说，就需要依靠教育来帮忙了。

在探讨农民职业教育之前，势必要对农民职业教育进行界定。综合国内外学者的研究成果，不难发现：农民职业教育指的是在完成学校教育之后，针对从事工业、农业和现代服务业的农民工开展的再学习活动。纵观我国农民职业教育相关研究文献，我国农民职业教育起步相对较晚，从1949年到1978年，我国的农民职业教育多夹杂在"扫盲教育"和"思想政治教育"中进行，教育内容过于零散。真正意义上的农民职业教育是从改革开放之后才开始的，并快速发展起来。实践证明，社会个体在完成学校教育（九年义务教育）之后，步入社会的头四年，之前所学习到的知识还能满足工作需要，但四年之后，就需要更新知识，提升技能才能胜任相关岗位。改革开放后，我国农民职业教育开始蹒跚起步，起初是以中等和高等学历教育以及短期培训为主，也有大量与农民相关的职业教育培训。我国农民基数大，虽说农民职业教育满足不了全体农民的需求，但也在促进农村人力资本形成中做出了重要贡献。

进入新时代，在全面建成小康社会的历史使命驱动下，我国农民职业教育也进入了全速发展时代。随着以智能化为核心的现代科技的发展，社会对应用型人才规格有了更高的要求，与之相对应的，绝大多数企业对员工提出了更高的技术技能新要求。从事各行各业的社会成员对职业教育的需求日益加大，农民职业教育也由以前的不受重视到现在的农村经济发展离不开它。事实上，农民职业教育对各类人才的培育作用是有目共睹的，它直接影响着农村经济核心竞争力，影响着农村经济发展方式和产业结构优化升级等。换句话说，农民职业教育就是终身教育的重要组成部分，是提升农民核心竞争力的有效措施。

在本研究中，农民职业教育需求主要是指新生代农民在完成学校教育之后对非学历和学历文化教育的需求，是新生代农民实现由农民身份向市民身份转变而产生的参加职业教育的愿望与需求。以上界定的教育需求类型主要包括职业教育和各种旨在提高农民素养的非学历教育和学历教育。

第二节　新生代农民职业教育需求调查

一、自身需求调查

（一）调查问卷设计

研究者现供职于苏北地区江苏财会职业学院，一直从事职业教育教学工作和农民职业教育研究。近年来的研究主要聚焦于学历提升、技术技能培训、技能鉴定、职业资格认证和岗位培训等方面。为了全面了解新生代农民职业教育需求状况，研究者随机抽取了江苏省（分为苏南、苏中和苏北三个部分）2000名新生代农民作为调查对象，采用自编的《新生代农民职业教育需求调查问卷》展开调查。问卷编制主要涉及新生代农民基本情况、学习需求、影响学习的因素和接受职业教育的动机四个方面。其中，学习需求设计了学习层次、学习科目、模式需求和课程需求四个维度。

调查工具的设计思路：以不记名问卷的方式尽可能收集真实的数据来了解新生代农民职业教育的应然需求，分析新生代农民产生职业教育需求的根本原因，以此来阐明职业教育对新生代农民职业发展的重要性。随后通过需求和动因分析，提出能满足新生代农民职业教育需求的供给模式，帮助新生代农民接受职业教育。

（二）调查方法

本次调查通过微信推送问卷的形式进行，调查对象分布在苏南、苏中和苏北三个地区，其年龄跨度为18—35岁。问卷星后台共收集问卷2000份，其中年龄不在18—35岁的问卷254份，实际收集有效问卷1746份，有效回收率为87.3%。表4-1所示为本次调查对象的基本情况。

表4-1　调查对象基本情况

项目		人数	比例	项目		人数	比例
性别	男	1018	58.4%	婚否	未婚	1208	69.2%
	女	728	41.6%		已婚	538	30.8%
文化程度	初中文化	1145	65.6%	地区	苏南	548	31.4%
	高中文化	424	24.3%		苏中	622	35.6%
	大专及以上	177	10.1%		苏北	576	33.0%
独生子女	是	653	37.4%	单亲家庭	是	430	24.6%
	否	1093	62.6%		否	1316	75.4%

（三）新生代农民自身需求分析

经分析相关调查数据发现：新生代农民具有诸多共性，比如成长环境、生活条件、受教育程度、物质追求和人生目标等。具体有如下特征：

1.生活条件相对优越，吃苦和抗压能力相对较弱

新生代农民多出生在20世纪80年代中期以后，这时改革开放成果初见成效，人们生活水平相比改革开放之前有了质的提升。由于生活条件相对优越，加上独生子女的身份，他们在遇到困难和挫折时易产生畏难情绪，吃苦抗压能力相对较弱。

2.缺乏务农经历和经验

新生代农民有的从小就跟父母进城，有的跟爷爷奶奶、外公外婆留守农村。无论是随父母进城，还是跟爷爷奶奶、外公外婆留守农村，他们基本上不干农活，所以新生代农民务农经验几乎为零。

3.文化程度相对较高

相比其父辈，新生代农民的文化程度普遍较高。本次调查发现：新生代农民有65.6%完成了九年义务教育，具有高中学历的新生代农民比例为24.3%，而接受了高等职业教育（大专）的占8.5%，拥有本科学历的新生代农民也有了新的突破，占1.6%。

4.注重物质追求和精神追求

新生代农民大多喜欢享受生活，相比其父辈，他们成长的环境要好得多，基本上没有忍饥挨饿的经历。虽说温饱得到了解决，但他们对物质和精神方面的需求一直处于非饱和状态。因此，他们对物质和精神的追求更为紧迫。从消费上来看，他们中很多人是真正的"月光族"，没有储蓄的习惯，遇到喜欢的东西，就会毫不犹豫地购买，甚至提前享受。

5.向往城市生活，关注未来发展

许多新生代农民向往城市生活，也懂得只有提高自己的职业能力才能在城市扎根，只有不断加强学习才能过上他们向往的生活。为了实现这一愿望，他们积极参加各类职业教育培训，提升学习技能，习得城市

生活的各种必备技能，并迫切希望实现由农民向市民的身份转变。

（四）新生代农民职业教育需求

本次调查的主要目的是全面了解新生代农民职业教育需求。分析相关调查数据发现：新生代农民的职业教育需求是多元的，这与他们在社会承担不同的角色和职业有关。由于新生代农民的年龄层次、进城务工时间、文化程度、工作岗位不同，他们对职业教育的需求存在多维度的不同，这些维度包括求知欲、职业兴趣、生涯规划、改善生活、社会地位、未来期望等。综上，研究者将新生代农民对职业教育的需求归纳为三个层次：

首先是谋生层面的职业教育需求。这一层面的需求主要聚焦在技术技能培训上，目的是掌握在城市里谋生的技能。年龄较小的新生代农民由于进城不久，他们迫切希望获取能在城里生存下去的技能。因此，在技能培训中，计算机应用、市场营销、电子商务、物流仓储、外语外贸和创业教育是他们选择最多的培训科目（见图4-1）。从其参加培训的目的来看，他们更多的是希望通过培训解决就业问题。

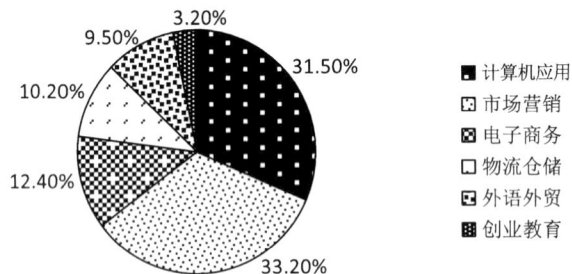

图4-1　新生代农民谋生层面的职业需求

其次是可持续发展层面的职业教育需求。新生代农民在城市谋生的实践中发现学历对于获取高薪、高社会地位的工作非常重要。调查结果也显示绝大多数新生代农民都对学历提升有需求（见图4-2）。在提升学历方式上，绝大多数人选择"在职"，也有极少数人选择"脱产"。选择"脱产"的新生代农民多是单位培养的储备人才。很多新生代农民为了享受与城市居民同等的生活待遇，寄希望于继续学习、提高学历，以期将来在岗位选择上多一些机会。

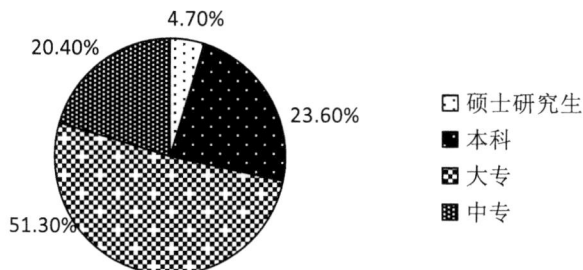

图4-2　新生代农民提升学历需求层次

在后续访谈中发现：他们可以通过提升学历实现转岗，由操作工人晋升为管理人员，由合同制员工转为职工。

最后是人文素养提升层面的职业教育需求。江苏省从"十三五"规划开局之年就着手对新生代农民进行市民教育，帮助他们在人文素养层面实现由农民向市民转变。目前，有这类需求的新生代农民的人数逐年递增，2019年，有这类需求的新生代农民占比高达77.6%，也就是说，超过四分之三的新生代农民对自己的未来有期盼（见图4-3）。

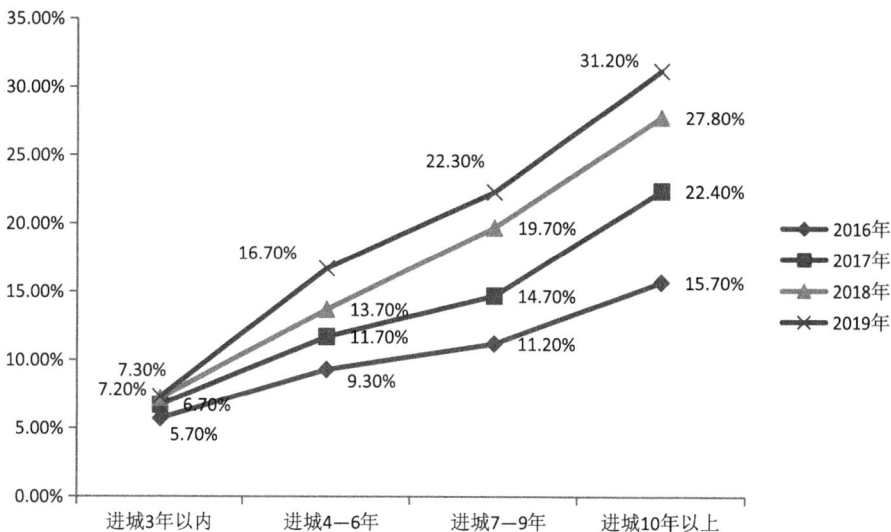

图4-3　进城时间不同的新生代农民对人文素养层面的职业教育需求

虽说一些新生代农民对提升人文素养的意义不甚了解，但他们迫切希望能过上城里人一样的生活，在这种驱动力作用下，他们对人文素养提升层面的职业教育需求也是非常强烈的。本次调查的上述三个层面的职业教育需求是与新生代农民在城市务工的现实情况相一致的。

（五）影响新生代农民职业教育需求的因素分析

分析相关调查数据发现：影响新生代农民职业教育需求的主要有社会变迁、居住环境、经济收入、闲暇时光、职业稳定性、学费分担、学习模式七大因素。

1.社会变迁

随着科技的不断发展，生产与生活模式发生了翻天覆地的变化，科技发展驱动了社会变迁，进而对新生代农民职业教育需求也产生了巨大影响。这种影响既有正向的，也有负向的。一些新生代农民刚从农村迁向城市，往往会因环境变化而产生不适感，认为自己难以融入城市生活。为了能在城市生存下来，他们会依托老乡、亲戚等地域和血缘关系结成相近的生活或工作圈子，实施抱团而居、抱团而作的生存方式。倘若圈子的学习氛围浓厚，那么，受圈子氛围的影响，圈子成员的精神状态是积极向上的。反之，如果圈子学习氛围不好，其受负向影响较大。也就是说，新生代农民在选择职业教育时会受圈子成员的言行影响，继而产生从众效应，最终的结果就是要么大家一起学，要么大家都不学。

2.居住环境

从城市人群分层来看，新生代农民无论是经济状况，还是市民人文素养，大多处于城市社会底层。最为显著的特征就是收入较低，社会保障差，微薄的收入都用于家人的日常生活开销、子女抚养和教育、老人赡养等方面。年龄较小的新生代农民，其父母正处于中年，无须赡养，也无子女要抚养，他们的经济压力较轻，在城里的生活基本上处于"一人吃饱，全家不饿"的状态。但由于他们受教育程度不够高，在城市获取薪水高、待遇好的工作并非易事，所以他们在城市的生活也处于"温饱线"上。正是由于他们经济上不宽裕，选择居住的地段多为城乡接合部，那里相对偏远，房租便宜，也有些新生代农民在外租不起房，直接在单位的集体宿舍居住。这些区域有一些显著的特征，就是卫生、治安、消防环境相对比较差，居住设施简陋，比如苏州的吴江区、无锡的惠山区等，这些地区处于城乡接合部，属于偏远的"城边村"。为了节省房租，他们还会选择与老乡或是亲戚合租。前面已经论述了新生代农民很难融入当地人的生活圈，因而他们的居住环境可谓是农村的"翻版"。这种居住环境很难有较好的学习氛围，这也是影响新生代农民职业教育需求的又一重要因素。

3.经济收入

由于知识与技能方面的不足，导致新生代农民的经济收入普遍不高。同时，与他们的父辈相比，其消费意识更为开放，导致他们的"口袋"更加紧张，因此他们用于职业教育的消费少之又少。但也不是所有新生代农民都是如此，调查发现：他们当中有四成以上的人有职业教育消费需求，这些人对自己的未来有规划、有期望，希望借助于职业教育来改变自己在城市生活的困境。当然也有超五成的"90后""80后"新生代农民在生存消费之外的消费首选不是教育消费，而是用于文化娱乐、手机、网络游戏、化妆品和服装等，且在消费类型上具有明显的性别差异（见图4-4）。

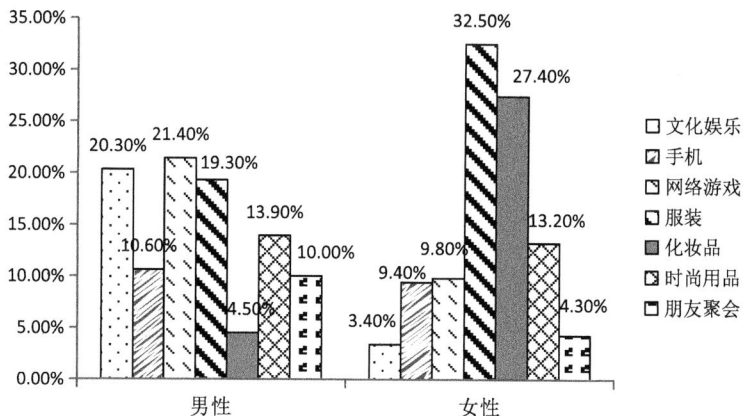

图4-4　新生代农民非教育消费的性别差异

从图4-4中可以看出，在文化娱乐、手机、网络游戏和朋友聚会的消费上，男性比女性要多；而在服装和化妆品上，女性多于男性。在时尚用品上，男女之间的差异并不大。在后续的访谈中发现：随着新生代农民对职业教育的认识不断加深，他们普遍意识到要获取高薪且地位高的工作，必须接受相应的教育，尤其是职业教育。因此，新生代农民参加学习和培训的意识略有加强，但大多数新生代农民还是当花销有结余时，才会想到职业教育消费。

4.闲暇时光

有了重视职业教育的意识和经济条件还不够，还有一个重要因素，就是有没有可自由支配的学习时间。本次调查发现，在闲暇时间安排上，超过五成的新生代农民选择用于接受职业教育，包括培训机构的现场学习、在线课程的学习；用于上网、看电视的新生代农民已经下降到不足五分之一；选择用于加班挣钱的下降到了6.0%（见图4-5）。

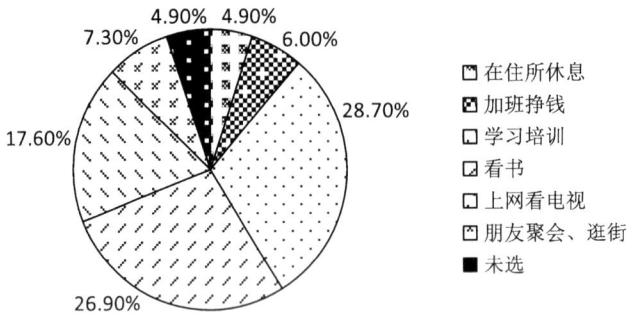

图4-5　新生代农民闲暇时间安排

从新生代农民闲暇时间安排来看，他们对未来是充满追求的，虽说他们闲暇时间相对紧张，但他们还是愿意抽出时间来学习，希望通过学习知识和技能来改变命运，通过职业教育提升自己的可持续发展能力。

5.职业稳定性

职业稳定与否直接影响着新生代农民对职业教育的需求。整体上看，新生代农民在知识与技能等方面均要强于上一代农民，他们在城市里打拼的目的也与其父辈不同。上一代农民进城务工的目的相对单一，主要

是为了挣钱，在他们当中，落叶归根的意识非常强烈。事实上，上一代
农民绝大多数都是选择返乡养老，而新生代农民则不然，他们中多数人
进城务工的目的是能在城市扎根，成为城市居民，因而他们在选择工作
时，选择的不是工资最高的，而是相对稳定的。随着我国社会保障政策
的不断完善，各类社会保障体系日益健全，新生代农民已经不再为养老
而担忧，因而他们更喜欢稳定一些的工作，缴纳各类保险，为将来养老
早做打算。新生代农民明白，要想获得稳定的工作，一定要提升自己的
学历水平，增强自己在城市生存的能力。而要达到这一目的，就需要依
仗教育。因此，职业稳定性也是影响新生代农民职业教育需求的一大
因素。

6.学费分担

在调查新生代农民职业教育需求的影响因素时，学费分担是影响新
生代农民职业教育需求的重要因素。前文已经论述了新生代农民的经济
收入较低，加上城市生活开销较大，因此，他们用于职业教育的费用并
不多。加上职业教育投资的回报相对滞后，且回报率也是一个未知数，
因而很多新生代农民很在意学费分担。在那些具有强烈学习愿望的新生
代农民中，愿意自己全部承担或是承担一部分学费的人占62.3%，有
33.0%的人希望能免费学习（见图4-6）。从这组调查数据来看，如果政
府、企业或是社会上非营利性的教育机构能提供免费的职业教育，有
67.0%的人表示能克服一切困难，珍惜学习的机会，积极参加培训学习。
就当前的现状而言，新生代农民职业教育学费多为自己承担。在进一步
访谈中了解到，目前由政府提供的免费职业教育不多，新生代农民根据
自己的学习兴趣选择的余地也不多，且免费的职业教育多为一次性讲座，
对于新生代农民来说，学到的是一些不成系统的知识，且持续性也不强。
企业担心员工流动性大，出资培训新生代农民后留不住人，因而不愿意
承担新生代农民职业教育的培训费用。当然，在社会中也有一些非营利
性公益教育机构提供的职业教育，但是由于这些机构力量有限，无法满
足广大新生代农民职业教育的需求。从这层意义上来讲，政府是最佳的

免费职业教育供给主体。

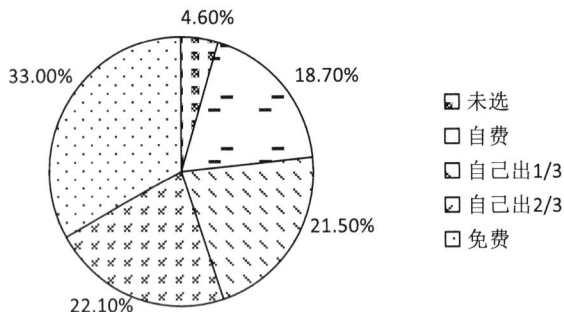

图4-6 新生代农民分担职业教育学费的意愿

7.学习模式

"互联网+"时代彻底改变了社会生活的模式，学习模式也不例外。新生代农民可以利用网络获取丰富的学习资源，学习方式变得更为便捷。调查发现，新生代农民普遍接纳了网络学习这一新兴的学习模式。当前，愿意接受传统面授的新生代农民越来越少，新生代农民更喜欢基于网络的学习模式（见图4-7）。

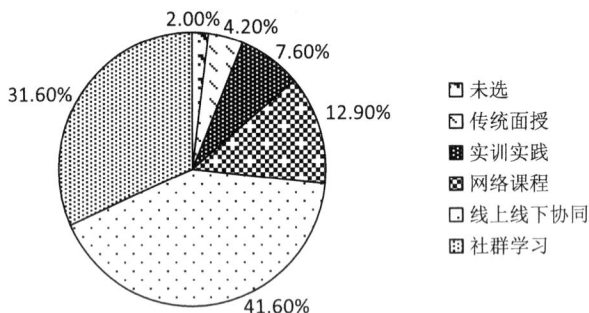

图4-7 新生代农民喜欢的学习模式

随着信息时代的到来，未来的教育不可能再延续传统封闭式受教育方式，教育的供给形式开始向开放、个性、轻量、趣味和协作的方向发展，这与新生代农民工作负荷和闲暇时间有限相吻合。

二、来自其他方面影响的调查

（一）访谈设计

影响新生代农民职业教育需求的，除了他们自身的因素之外，还有其他方面的因素。比如地方政府提出的产业结构调整、企业主导的技术改造升级、机器设备更新换代等。研究者为了全面了解上述因素对新生代农民职业教育需求的影响，走访了苏州市、无锡市、盐城市、扬州市、徐州市和连云港市的国资委、工商联、总商会、中小企业服务中心和一些录用新生代农民比较多的代表性企业。

事先设计的访谈提纲分两条路径来全面了解影响新生代农民职业教育需求的因素，一是通过访谈各单位的人力资源部门或技术部门负责人，二是访谈新生代农民代表。访谈涉及的内容包括产业结构调整、企业技术优化升级、设备更新换代和社会文化等方面，旨在了解上述这些因素对新生代农民职业教育需求有多大程度的影响。

访谈提纲设计与分析思路：从访谈对象中获取地方政府相关经济政策与措施、企业的技术优化升级和设备更新换代以及他们所处的社会文化氛围等对他们的职业教育需求的影响情况等有关数据，采用定性分析的方式了解上述因素对职业教育发展的影响，为调整职业教育供给模式，使其达到供需平衡提供科学的数据支持。

（二）访谈对象

研究者采用现场访谈或是微信等网络通信工具对苏州、无锡、盐城、扬州、徐州和连云港六个城市的国资委、总商会、中小企业服务中心和一些录用新生代农民比较多的企业的人力资源部门或技术部门负责人进行访谈。

(三) 主要情况

1.地方产业结构调整对新生代农民职业教育需求的影响

从需求产生的逻辑上来分析,新生代农民产生职业教育需求源于希望获得稳定性强、待遇好、社会地位高的工作,而提供这样的工作岗位与产业结构调整息息相关。随着以科技驱动的经济发展势头不断向好,产业结构优化升级是经济持续保持强劲发展势头的不竭动力源泉,当然,产业结构调整势必也会对产业工人的能力水平有更高要求。以江苏省为例,在改革开放之初,对产业工人的专业知识与技能方面的要求不高,农民进城务工多选择在低端制造业,由于当时制造业的技术含量相对较低,基本上可以通过模拟操作就能胜任岗位要求。2000年之后,虽说因经济发展惯性作用,江苏省在经济发展上仍位于全国前列,但已经意识到低端制造业发展的持续性差,对生态环境的破坏力大,久而久之,产业优势会弱化,因此其低端制造业就开始了加速技术改造和产业升级,而新一轮的产业结构调整对从业者提出了更高的要求。

致力于服务城市生活的现代服务业的兴起,使得智能化城市生活得以实现,人们足不出户就能享受优质的生活服务,尤其在2020年初新冠疫情期间,现代服务业在疫情防控方面发挥了重要作用。现代服务业也借此契机得到了高质量发展,因此它对现代服务业的从业人员也提出了更高的要求。新生代农民要想胜任产业结构调整后的岗位要求,就必须接受职业教育培训,更新自己的知识,提高自己职业技能的娴熟度。

2.现代企业技术更新对新生代农民职业教育需求的影响

当前,在智能化技术引领下,各大企业都在进行技术革新,这种发展形势要求产业工人要不断进行专业化培训,以胜任新的工作岗位。在激烈的竞争环境中,企业要想生存与发展,首先要引进大量的专业知识扎实、专业技能娴熟、具有终身学习意识且对企业忠诚的专业人才。无论是国有企业、民营企业,还是外资企业,虽然它们在现代企业制度上有所区别,但它们对一线生产的技术工人的要求是一致的。技术更新之后，由于对技术工人的要求较高，为了生产稳定、节省技术工人培训成本，企业不会频繁地更换技术工人，更不希望技术工人频繁跳槽。此外，企业尤其喜欢那些具有转岗学习能力，且能快速适应新岗位的工人。正是由于企业用工要求的改变，新生代农民迫于就业压力而产生了职业教育需求。

3.城市生活对新生代农民职业教育需求的影响

新生代农民要想真正实现身份的转换，成为市民，首先需要进行文化与价值观再造，这是因为农村文化与城市文化存在一些差异，这些差异会使新生代农民进城后产生极大的不适感。欧美发达国家在研究城镇化过程中的社会心理问题时提出了"城乡二元对立思想"，该思想是通过现象看本质，深入揭示了农民进城后在精神心理层面与城市居民之间存在的差异。德国社会学家费迪南·滕尼斯在大量研究的基础上提出了"礼俗社会"和"法理社会"两个全新的概念，以此来区分城乡社会关系[1]。从特征分析层面来看，"礼俗社会"也可称为"共同体"，是传统的社会形态。它规模小、社会分工和社会角色分化较少，是以家庭为核心单元的一种社会形态。在这种社会形态内，占统治地位的是具有感情色彩的初级关系，社会成员的言行受习俗、传统约束，具有很强的同质性。而"法理社会"是工业文明之后发展起来的一种社会形态，其规模较大，具有相当精细而又复杂的社会分工和社会角色分化，占据社会核心的不再是家庭，而是涉及经济、政治、职业的社会组织。在这种社会形态内，非个人、非感情色彩的次级关系占统治地位，社会成员的言行受规章制度、法律法规节制，具有很强的异质性。也就是说，在"法理社会"中，社会成员是以契约的形式结成团体关系（Association Relations）的。比如，城市实质是一个陌生人的世界，人与人的交集是由一个个契约促成的。比如，在城市里搭乘公共汽车，社会中的个体无须认识司机就可搭乘，而车票就是契约，可以让社会个体有权搭乘公共汽车。而在传统的

---

[1] 黄薇.从"礼俗社会"迈向"法理社会"：边疆民族地区乡村振兴的必由之路[J].西北民族大学学报（哲学社会科学版），2019（1）：9-16，67.

农村，大多是依靠人情维系社会关系。

第三节　新生代农民职业教育需求分析

一、自身需求分析

（一）职业技能需求

在改革开放不断向纵深拓展的过程中，农村经济发展也逐渐在上台阶，上档次。在党和国家大力普及九年义务教育之后，农民文盲率有了大幅度降低。但新生代农民文化程度相比城市人群依旧是偏低的，六成以上的人只有初中文化程度，具有高中文化程度的也不多。以江苏省为例，具有初中文化程度及以上的新生代农民占82.2%，其中，具有高中文化程度的只占三成多一点，大专及以上文化程度的只有10.1%，这也是近年来历史最高水平。我国常用的人力资本稳定的标准依旧是学历和受教育程度，因为学历和受教育程度对个体的经济因素（如收入）和非经济因素（如社交能力、个人素养）的影响是巨大的，并且它还是决定新生代农民能否融入城市生活的关键。

国内外不少研究表明，受教育程度提高的直接结果就是人力资本水平的提高，间接结果是融入城市社会的能力也会得到相应的提升。人力资本水平的高低与其经济地位的高低是成正比的，且人力资本对流动人口的经济地位影响也是非常显著的。调查还发现：5年内参加职业教育培训的新生代农民的收入水平明显高于未参加者，学习培训时间与收入呈正相关。早在2005年，邓大松和胡宏伟就对武汉市进城农民做了一项调查，调查数据显示：进城农民的认同感和归属感源于对自己的社会角色定位。当农民受教育程度越高，对自己的角色认同越偏向"城市居民"，同时会有意识地淡化自己的"农民角色"①。因此，新生代农民会积极通过参加职业教育提高自己的受教育程度，以此来增强自己的人力资本竞争力，改善自己的经济状况，最终实现自己身份的转变。2007年，张文宏和雷开春在上海对新移民做了一项类似的调查，调查结果与前者相似，即受教育时间与社会融合度呈正相关，受教育程度越高，经济状况越好，心理和身份认同感也就越强。

本次调查也发现相同的结果，即受教育程度越高，自主学习能力越强，职业教育需求也就越高。新生代农民在自主学习方面的能力要高于其父辈，他们思想活跃，肯动手实践，接受新生事物的速度快，与城市居民沟通的能力也强于父辈，加上内心具有强烈的"城市居民"身份认同感，因此在融入城市生活过程中并不胆怯。

（二）文化需求

许多新生代农民都有留在城市，成为市民的意愿。虽说在农村长大，但在青少年时期，绝大多数新生代农民随父母离乡进城，在城里上学，城市的文化、环境和生活习惯对他们的成长影响要比农村文化、环境和习俗大得多。鉴于此，新生代农民在思想上并无传统观念的束缚，会以更开放的心态接纳新文化、新理念和新生活。在个人意愿上，他们迫切希望以最快的速度融入城市生活，从心理层面获得认同感和归属感。但理想往往是丰满的，现实却是骨感的。他们在融入城市的过程中会遇到很多问题，主要是文化和价值观上的问题，这些问题阻碍了他们与城市居民进行有效的沟通与互动。

沟通能力不强，不仅影响他们获取好的工作岗位，还会阻碍他们有效地融入城市生活，久而久之，他们会感受到自己与这座城市格格不入，进而将自己封闭起来，放弃与城市居民互动。于是，他们会选择与自己相似的人建立沟通圈子。由此可以看出：教育这一非经济性因素比经济

---

① 胡宏伟,邓大松.社会保障权利诉求、政府责任与制度变革:基于对武汉进城农民的调查研究[J].西北师范大学学报(社会科学版),2008(5):117-122.

因素对农民的"城市梦"的影响力更大。为了解决融入城市生活的问题，新生代农民迫切希望得到有关文化素养提升方面的教育。

（三）行为需求

个人作为社会组成要素，其行为无时无刻不受社会影响。一个人的行为，与社会个体的经济收入、受教育程度有着千丝万缕的关联。对于迫切希望融入城市的新生代农民来说，要实现"城市梦"，首先是要在经济上融入，其次才是文化、政治和身份上的融入。当前，新生代农民在经济上融入并不难，只要努力就能达成，但在文化和身份上融入相对较难。于是他们希望在接受职业技能培训的同时也能提升人文素养，因为这能在他们从精神层面融入城市的过程中发挥积极作用。

不少研究表明，个体受教育程度的高低与其经济状况有着密切的关联，也就是说，个体经济收入水平与其生活品质、融入城市能力呈正相关。正因如此，当新生代农民意识到自己的经济收入达到了一定的水平之后，便会考虑如何从精神层面上融入城市。一般来说，一个受教育程度高的人，他具有的人力资本就高，对生活品质和精神享受也会有更高要求。新生代农民可以通过职业教育提高自己的人力资本，增强对新生事物的接纳和对新环境的适应能力，这时他们融入城市的阻力就会变小，融入的速度就会加快，成功融入的概率就会提高，最终实现全方位融入。

新生代农民产生职业教育需求，不仅是为了实现自我提升，更是向社会传递一个重要信号：新生代农民在人力资本和生产能力上正在努力赶超城市居民。新生代农民之所以受教育程度低，是因为农村教育资源相对匮乏，但现在不同了，他们正在利用职业教育追回逝去的时间，在综合素养和个人能力上已经有了质的飞跃。加上他们具有勤劳、勇敢、不怕吃苦的优秀品质，他们融入城市的空间会越来越大，融入能力也会越来越强。

综上所述，不难得出新生代农民对职业教育的需求具体表现在功能价值和内在价值需求上。功能价值需求的目标指向是经济融入，具体来说，就是为了取得较好的工作，获得可观的经济收入，缩小与城市居民在生活品质上的差距。对此，新生代农民会主动地接受职业教育，提升自己的人力资本、生产能力和适应能力。内在价值需求的目标指向是精神层面融入，新生代农民会通过职业教育提高自己的非经济性收益。因此，职业教育不仅能提高新生代农民的人力资本，帮助其提高经济收入，实现经济融入，还能提高他们的社会地位，获得城市的认同。

二、影响新生代农民接受职业教育的变量分析

（一）性别变量

性别变量是影响新生代农民接受职业教育的一个重要因素，这是因为男女在看待职业教育对其发展的意义上存在不同。相比之下，新生代农民中女性比男性对职业教育的需求更为迫切。由于农村的世俗观念，女性一直处于从属地位，为了获得与男性同等的地位，她们需要加倍努力，在抚养子女和赡养父母之余，还要努力工作、学习，以提高自己在家庭中的地位。一些年龄稍小的女性新生代农民看到年长一些的女性新生代农民的生活境况之后，为了不重复这种生活，她们可能会选择不结婚或是晚婚，在结婚之前接受职业教育，提高自己的人力资本，以改善自己的经济状况和社会地位。徐卫的研究发现，就新生代农民参与职业教育培训来看，性别变量对新生代农民接受职业教育的影响力较大[1]。

随着我国人才市场和劳动力市场的制度不断健全，性别歧视现象日渐消失。产生这种现象的原因主要有两个方面：一是科技的不断发展，使得智能化的生产设施设备日益普及，生产对体力的要求也越来越低，以前只有男性能干的工作，现在女性也能胜任。二是女性在智能上得到了投资，职业教育为她们的人力资本增值发挥了重要作用。由此可以预见，未来女性接受职业教育会成为常态。

---

[1] 徐卫.新生代农民工职业培训研究[D].武汉:武汉大学,2014.

（二）婚姻和子女变量

婚姻和子女对新生代农民接受职业教育的影响主要体现在两个方面，一是经济，二是时间与精力。对于许多男性来说，结婚的开销是巨大的，由于受封建陋习的影响，有些男性农民甚至谈婚色变。为了积攒用于结婚的费用，适婚年龄的新生代男性农民省吃俭用，努力工作，节省用于职业教育的费用，因此，在这个年龄段的新生代男性农民不会产生强烈的职业教育需求。而大部分新生代女性农民则把时间与精力主要集中在抚养儿女身上，加上职业教育投资的回报率低，且相对滞后，所以，她们的职业教育培训参与率较低。

（三）年龄变量

年龄变量并不影响1995年后出生的新生代农民职业教育参与度，但对1980年后出生的新生代农民影响较大。年龄变量对1980年后出生的农民参与职业教育培训的影响主要与投资的回报周期密切相关。也就是说，对于年龄稍长一些的农民，他们在职业教育投资上会权衡投入与回报周期的问题，只有当他们判断投入与回报符合预期时，才会产生职业教育需求。

三、来自产业结构、企业和社会影响的需求分析

前文已经详细介绍了产业结构调整、企业技术改造、用工条件提高和城市生活等对新生代农民职业教育需求的影响，从调查的数据来看，新生代农民的职业教育需求首先表现为满足产业经济发展的需要。随着知识经济的不断发展，产业优化升级是大势所趋，企业对产业工人的需求已经从数量向质量转变。以江苏省为例，无论是工业，还是农业，均具有"南强北弱"的特点。在改革开放初期，江苏省像其他沿海省份一样，经济都是以粗放式发展，由于生产的技术含量不高，对工人的要求也不高，各类工作通过模仿就能胜任。随着科技不断发展，以数控机床

为代表的智能生产设施设备广泛应用，工人仅凭模仿是无法胜任岗位要求的，因此，企业提高了用工要求。加上人们对生态环境越来越重视，可持续发展理念逐渐深入人心，人们渐渐认识到一些低端产业不但产值不高，而且对环境的破坏力还很大，于是企业纷纷开始进行技术改造，以适应当前激烈竞争的环境。而新生代农民要想胜任这些岗位，就必须提高自身能力。

第五章　新生代农民职业教育供给实践

新生代农民通过接受职业教育实现人力资本的自我提升，继而在诸多发展机会中完成不同的职业角色转换，全方位融入城市。市民化的实现关键取决于两大要素：一是内部因素，也就是来自新生代农民留城意愿与其达到市民化要求之间的差距；二是外部因素，即地方政府、社会和企业是否会为新生代农民提供人力资本提升的平台，换言之，就是政府、社会和企业能否为其供给职业教育等公共产品。如果政府能为新生代农民供给免费与自费相结合的职业教育产品，就为他们实现职业历程转折提供了关键外部条件。

第一节　农民职业教育供给的相关概念

一、教育供给

市场经济的两大核心要素就是需求与供给。市场之所以能实现资源有效配置，就是在需和供上寻找空隙，力求在两者之间实现平衡。教育产品市场同样是围绕需求和供给运转的。前面已经对教育需求做过详细的阐述和调查，此处不再赘述。下面主要来谈教育供给。界定教育供给，首先要明确三大要素，即供给主体、供给客体和供给渠道。弄清了上述三大要素，就不难给教育供给下定义了。所谓教育供给，指的是各类教育机构为经济与社会发展培养各类专门人才，向各类社会人群提供的接受教育的机会。全社会所有能为学习者提供教育机会的组织或机构构成了教育供给的基础，而保证这些机构正常运行的资金则是来自全社会的教育投资，其中来自政府财政的教育投资占据了90%以上。教育供给的主体是多元化的，既有政府，也有社会组织，还可以有私人。这些教育供给主体为社会成员提供教育机会的目的虽然不同，但它们确实保障了社会成员对教育机会的选择权利。

二、职业教育供给与农民职业教育供给

前文已经对教育供给做了界定，那么再去理解职业教育供给就没那么难了。职业教育供给就是一个国家或地区能给社会成员在脱离学校教育之后提供学历教育和非学历教育的机会。这种教育机会的内涵主要包括职业教育政策引导、职业教育学习平台、职业教育运行的资金分摊模式、职业教育课程研发体系、职业教育学习方式和职业教育综合评价体系等。

众所周知，一个国家或地区的经济发展状况与其拥有的技术工人的数量与质量有关，而一个国家或地区拥有的技术工人的数量与质量又与其职业教育供给有着紧密的联系。我国人口资源的显著特征就是农村人口占绝大多数，随着现代农业的发展，农业已实现了从粗放增长方式向集约方式转变，各类智能化的农业生产机械广泛应用，劳动生产率提高，使得农村劳动力过剩。为了转移农村剩余劳动力，消除农村社会不稳定的因素，应加大农民职业教育供给。加大农民职业教育供给能够提高农民的教育溢价。何谓教育溢价？简单地说，就是接受了更高层次教育的人会在未来职业发展中得到比其付出高得多的经济回报。

在知识经济来临之前，教育溢价现象一直没有产生，直到知识作为生产的重要因素之后，教育溢价现象才得以产生。知识经济在美国发端，并在美国兴起，继而席卷全球。据相关研究，美国的教育溢价现象在20世纪80年代末才出现，在此之前，上过大学的与没有上过大学的人，收

入差距并不显著，而现在的美国，拥有硕士研究生学历的人，家庭年收入的中位数是93000美元；拥有本科学历的人，家庭年收入的中位数是75000元；拥有专科学历的人，家庭年收入的中位数则为42000美元；高中毕业的人，家庭年收入的中位数为38000美元；没有完成高中学业的人，家庭年收入的中位数只有28000美元。

本研究也对受访对象的家庭年收入进行了调查，并以美元兑人民币的汇率换算成美元，取不同学历层次的人的家庭年收入的中位数，最终得出：江苏省拥有硕士研究生学历的人，家庭年收入的中位数为27000美元；拥有本科学历的人，家庭年收入的中位数为24000美元；拥有专科学历的人，家庭年收入中位数为13000美元；拥有高中学历的人，家庭年收入中位数为12000美元；拥有高中以下学历的人，家庭年收入中位数为11000美元。具体见图5-1。

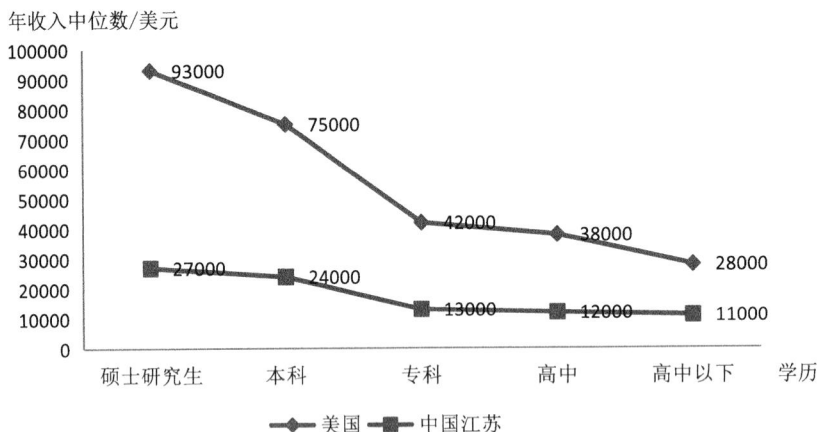

图5-1　美国和中国江苏省拥有不同学历的人家庭年收入中位数比较

俗话说得好："没有压力，就没动力。"因此需要将新生代农民置身于一个更有压力的学习环境中，鼓励他们勇于追求更美好的生活，在理想指引下，养成终身学习的习惯。对于新生代农民来说，学好一门新技能，就是为自己打开了一扇通往理想的门。有研究表明，当技能娴熟到一定程度就会衍生另一种新技能，实现几何效应，这种技能增值远非"体力劳动"投入所能媲美的。如果留守农村，新生代农民在学历上的劣势是无法弥补的，因为农村的教育资源相对匮乏，且在农村不一定有良好的学习氛围，而城里的教育资源丰富，新生代农民明确了自己的劣势，就会想尽一切办法来弥补。因此，职业教育对于他们来说，是最适合他们弥补劣势的教育资源。

第二节 新生代农民职业教育供给

一、新生代农民的规模与职业教育概况

（一）新生代农民的规模

根据《2013年全国农民工监测调查报告》的结果，为了改善农民收入低、生存难、拖欠薪水等问题，政府制定了各项法律法规，并设立了专门的机构来维护农民的权益。迄今，维护农民合法权益的法律法规和专门机构的成果斐然，农民进城务工的生存状况有了明显改善。"十三五"期间，各地还上调了农民工最低工资标准，江苏也不例外。根据《江苏省人力资源和社会保障厅关于调整全省最低工资标准的通知》，自2018年8月1日起调整全省最低工资标准，具体调整如下：月最低工资标准：一类地区为2020元，二类地区为1830元，三类地区为1620元。非全日制用工小时最低工资标准也有了明确的规定：一类地区为18.5元/小时，二类地区为16.5元/小时，三类地区为14.5元/小时。企业支付给顶岗实习学生的实习报酬和勤工俭学学生的劳动报酬按小时计酬，且不得低于当地非全日制用工小时的最低标准。此外，江苏省杜绝了拖欠农民工工资现象。虽说江苏省委、省政府在"十三五"规划开局之年就着手对农民开展了"市民化"教育，但由于各种原因，新生代农民离市民化的距离还是很大，仍有很多问题有待解决。2019年国家统计已有的抽样调查结果为：2019年我国农民工总量达到29077万人，比上年增加241万人，增长了0.8%。其中，本地农民工11652万人，比上年增加82万人，

增长了 0.7%；外出农民工 17425 万人，比上年增加 159 万人，增长了 0.9%（见表 5-1）。

表 5-1　2015—2019 年我国农民工规模

单位：万人

指标	2015年	2016年	2017年	2018年	2019年
新生代农民总量	27747	28171	28652	28836	29077
外出务工数	16884	16934	17185	17266	17425
本地务工数	10863	11237	11467	11570	11652

（二）新生代农民参加各类技能培训的比重

本研究主要考察了新生代农民参加的两类技能培训：一是由政府主导的指导性培训，二是由专业技术推广事业单位和一些营利性职业技能培训机构提供的技术技能性培训。抽样调查中发现，接受过技能培训的新生代农民占 71.4%，比 2015 年提高了 9.9%。总体来看，各年龄段新生代农民培训参与率均有提升（见表 5-2）。

表 5-2　新生代农民中接受技能培训的比重

指标	指导性培训		技术技能性培训		培训总量	
	2015年	2019年	2015年	2019年	2015年	2019年
合计	10.2%	27.3%	43.9%	59.0%	61.5%	71.4%
20岁以下	4.0%	15.3%	22.3%	29.9%	26.2%	31.4%
21—30岁	6.2%	12.0%	21.6%	29.1%	35.3%	40.0%

（三）新生代农民每天用于学习培训的时间

新生代农民在工作之余用于学习培训的时间可以作为推算农民职业教育供给现状的一个重要指标。因此，本研究选择从时间和地域两个维度来调查新生代农民利用业余时间参加培训的平均值，以此来推断江苏省农民职业教育供给现状。具体调查数据见表 5-3。

表5-3　江苏省新生代农民用于学习培训的平均时间

单位：小时/天

指标	地域			年份	
	苏南	苏中	苏北	2015年	2019年
20岁以下	2	1.5	1	1	2
21—30岁	3	2.5	1.5	1.5	3

从时间维度来看，与2015年相比，2019年江苏省20岁以下的新生代农民每天用于学习培训的平均时间增加了1小时，而21—30岁的新生代农民增加了1.5小时，说明随着时间的推移，新生代农民对学习培训越来越重视，他们已经认识到学习培训对自己未来职业发展是非常重要的。从地域上来看，由于不同地域新生代农民群体的学习氛围不同，他们学习培训的热情也不相同。从调查的数据上来看，2019年苏南地区的农民职业教育供给比苏北丰富，新生代农民参与学习培训的积极性也比苏北地区高涨。

二、江苏省新生代农民职业教育供给情况

江苏省是新生代农民工流入较多的沿海省份之一，为全面了解江苏省农民职业教育供给状况（比如农民职业教育的供给模式、农民职业教育参与度和各类资金投入到农民职业教育的比重等内容），研究者结合自己从事职业教育工作的一些经验，做了两项调查：①设计《江苏省从事农民职业教育的培训机构调查问卷》，随机在苏南、苏中和苏北各选取20家培训机构作为调查对象，并收集相关数据。②选择苏州、盐城和连云港三市的总工会、团市委、教育局等相关单位进行访谈，访谈提纲主要涉及参与农民职业教育的培训机构资质，新生代农民职业教育培训的费用分担，农民职业教育供给和企业、社会对新生代农民教育的扶持等情况。

提供不同教育内容的教育机构的数量是农民职业教育市场需求的真实反映，如果某种教育内容培训有很多新生代农民参加，那么提供这种

教育内容的教育机构就会增多，反之则会减少，这完全是按市场规律运行的。从调查的四类职业教育供给机构的数量来看，其中学历教育、职业技能培训和法律法规知识广受新生代农民的欢迎，而人文素质教育，新生代农民参与度不高（见表5-4）。这主要是因为绝大多数新生代农民还没有实现从物质层面"进城"，因此，服务于精神层面"进城"的人文素养教育暂时还不被新生代农民重视。

表5-4　江苏省农民职业教育供给机构情况

城市	学历教育		职业技能培训		人文素质教育		法律法规知识	
	本科	专科	证书	非证书	长期	不定期	长期	不定期
苏州	13	20	20	20	11	8	15	11
盐城	11	20	17	6	5	3	15	6
连云港	8	15	11	3	1	0	11	2

三、新生代农民职业教育供给存在的问题

（一）职业教育的认知问题

1.职业教育各方观念陈旧、认识缺位

职业教育最早发端于工业革命时期，随着大机器工业的兴起，需要大量的操作工人，当时被迫进城的农民不能直接适应机器大工业，需要对他们进行简单的培训，这就是现代职业教育的发端。经过几百年发展，欧美职业教育发达的国家无论是职业教育政策、模式，还是职业教育内容、方法均比发展中国家要成熟。过去，我国作为传统农业大国，职业教育仍处于初步发展阶段，在国民心中，它仍是作为传统教育的有效补充而存在。进入21世纪，人们逐渐认识到职业教育对经济与社会发展的重要性，尤其是在城镇化进程加速的背景下，职业教育的特殊地位越来越明显。党和国家发起的精准扶贫和实现中华民族伟大复兴的中国梦更需要职业教育高质量发展。

长期以来，我国的职业教育一直处于被忽视的状态。造成职业教育

发展窘状的原因主要有两个：一是许多企业、单位等在选人、用人方面多以学历和文凭为标准，而人的内在素质和各类技能难以作为显性标准来客观衡量人才的优劣，因此职业教育往往被忽视。从微观视角来看，很多企业愿花大价钱到处挖人，也不愿在员工职业教育培训上增加投入。这会导致一些工人认为职业教育可有可无，从而彻底放弃提高自身能力的职业教育机会，使得职业教育市场需求不大，各类教育机构没有热情进入该领域。二是当前农民职业教育供给多为提高生产技能方面的产品，这类产品主要培育的是生产线上简单机械动作的操作工人，与我国全面发展的育人理念是有很大差距的。对于新生代农民来说，他们迫切希望自己早日转换身份，成为真正的市民，因此他们更在意培育"潜在城市居民"的职业教育产品，而非只是成为一名合格的技术工人。职业教育供给如果没有考虑到新生代农民这一群体的社会出路问题，那么注定是不能取得好效果的。

2. 职业教育普及度有待提高

近年来，我国加大职业教育发展的各项投入力度，这种投入是前所未有的，尤其是向农村、农业和农民倾斜。我国针对"三农"的职业教育有两大培育方向：一是对有志于留守农村、从事现代农业生产的农民，开展培养职业农民的职业教育，教育内容涉及农业生产与经营、农机维修与保养、休闲农业经营与管理、农副产品加工与市场拓展等；二是对一心想进城的农民，开展培养技术技能工人和现代服务人员的职业教育，涉及的教育内容涵盖了城市生活的方方面面。从现实情况来看，上述两类职业教育在农村开展的情况并不乐观。虽说经过40多年的改革开放，农村经济发展水平有了显著提高，人们生活水平稳步提升，但思想观念仍有待进一步提升。一些农民依旧认为接受了九年义务教育，所获得的知识与能力就够用了，很少为提升素质和技能进行额外投资，这就导致一些新生代农民进城后，只能从事简单的工作。这种落后思想需要当地政府和教育、农业等职能部门去积极引导，以思想转变促行为改变，以此来纠正农民对职业教育的投资态度。调查发现，在我国，县乡一级政府对农民培训缺乏引导，重视度不够，对培育职业农民或是技术技能工人的认识也不够深。这也是导致农村地区职业教育普及率不高的重要原因。

(二) 职业教育体制与机制问题

1.需求与供给不对等

需求与供给是市场经济的两大杠杆，也是调控市场资源有效配置的"看不见的手"。职业教育市场供给的是职业教育产品，与其他产品不同，它们具有准公共产品的特性。因此，我国职业教育市场是以政府主导的模式。政府采用宏观上政策引导、中观上行政监督的形式对职业教育市场的资源、投入、招生、学历等方面进行调控。之所以采取这种模式，主要是因为它既能集中优势资源，还能避免恶性竞争。但也存在一些缺陷，比如市场作用发挥不全，无法及时、灵活地应对职业教育市场产生的各类随机出现的培训需求，在调动企业和社会组织参与职业教育的积极性上显得力不从心。此外，我国农民职业教育发展资金有限，各类激励政策所取得的效果也不够理想。一些职业教育供给机构推出新产品时没有准确地把握农民职业教育需求，导致一哄而上，不仅造成资源的浪费，还不能满足农民职业教育的真正需求。此外，新生代农民真正需要的，有利于他们职业发展的技能提升和素质提高的职业教育产品却不能及时开发，并推向市场，导致农民职业教育市场供需不对等。

2.政府和企业对农民职业教育投入小

自2005年以来，我国加大了职业教育的投入力度，但由于种种原因，这些资金用于提高农民职业技能方面的比重非常小。2005—2013年，国家陆续向职业教育投入1.23万亿元，职业教育迎来了发展的黄金期。2019年政府工作报告中，"职业教育"摆在前所未有的重要位置，这就意味着万亿市场蓄势待发。从证券市场上来看，职业教育板块正处于政策红利期，据国联证券测算：截至2020年，职业教育市场规模从2015年的4535亿元增长到2020年的6000亿元以上，其中学历职教市场的规模将在

2020年突破1976亿元，非学历职教市场也将在2020年突破4000亿元。据前瞻产业研究院发布的《2018—2023年中国中等职业教育行业发展模式与投资前景分析报告》可知：2015—2020年，职业教育的非学历教育规模将会从3160亿元增长到9859亿元，增幅超200%。但这些资金多投入职业院校，只有极少部分用于职业农民培育和农村剩余劳动力转移培训。同时，企业担心出资培训的工人会跳槽，而不愿意出资对工人进行职业教育培训，因此用于针对新生代农民的职业教育的资金并不多。

3.职业教育机制缺乏活力

众所周知，机制能否高效运行，关键看其活力的强弱，一般来说，机制的活力弱，其运行效率就低。职业教育机制也不例外。纵观我国职业教育机制建设的相关文献，不难发现，我国职业教育机制缺乏活力。从受教育个人层面来看，接受职业教育，习得职业发展的技能和专业知识需要一定的时间，加上政府和企业并未出台有效的激励个人学习的措施，这就导致在职新生代农民没有动力利用业余时间去"充电"。从企业层面来看，有些企业多专注眼前利益，较少关注企业未来发展的人力资本储备问题。它们不会主动对工人进行职业教育培训，更不会为工人接受职业教育培训提供方便。企业对工人职业教育培训持这种态度的原因是工人的流动性大，企业担心工人参加职业教育培训后反而会成为竞争对手争抢的人才，不想为他们"做嫁衣"，因此，企业在工人职业教育培训方面的积极性不高。从培训机构层面来看，国家在职业教育上投入了大量资金，市场前景乐观，但由于职业教育培训机构准入门槛并未放低，很多机构被拒之门外，只有少数几家大的职业机构垄断市场，这不利于农民职业教育市场成长。很多时候，培训机构都处于等政策、要经费的被动办学状态，缺乏与市场有效互动。因此，政府要尽快建立职业教育自主办学的机制。

(三) 职业教育经费保障问题

1.政府投入不够

2005 年以来，党和国家对职业教育给予了持续的关注，也出台了一系列支持职业教育发展的政策。《国务院关于大力推进职业教育改革与发展的决定》（简称《决定》）就明文要求各级政府要持续加大对职业教育的投入。由于地区差异，这一《决定》的执行情况并不乐观。从剩余劳动力输出地的政府视角来看，输出的农民是为其从业地的经济与社会发展作贡献，加上输出地多为经济欠发达地区，经济条件有限，因此他们主观上和客观上都很难为职业教育投入过多的资源。而从剩余劳动力输入地政府视角来看，由于农民的高流动性和临时性，输入地政府也存在为他人"做嫁衣"的风险。此外，政府向农民职业教育加大投入，其效果在短期内是看不到的。将新生代农民培训成为合格的技术工人的成本较高，且周期较长，为城市经济与社会发展带来多少贡献还是一个未知数。由于上述因素，输入地政府加大职业教育投入的动力也不足。

2.企业投入有限

由于城市经济在规模上和速度上均发展较快，需要大量的劳动力，而农村由于现代农业的发展，对劳动力的数量需求大大降低，农村剩余劳动力正好能填补城市经济劳动力的缺口。城市经济发展的单元是企业，而企业是接纳农民进城就业的平台。在企业中，新生代农民更易找准自己的职业发展方向，能明确自己有哪些弱项，需要学习哪些技能，提升哪些素质和能力，从这层意义上来看，企业是新生代农民最佳的职业技能教育场所。事实上，企业并没有将职业教育培训重点放在一线农民身上，而是放在培育中高级管理和技术人才上。从企业角度来看，出资培训一线农民，一旦他们离开企业，就无法收回投入所带来的回报。所以，企业对农民的培训只限于本岗位上"应知应会"的内容，而对于农民长期素质和技能提升方面的内容，则很少关注。

3.个人投入有限

新生代农民接受职业教育的经费主要来源于政府、企业和个人。虽说党和国家要求各地政府要加大职业教育经费投入，但出于本区域的利益考虑，各地政府投入的热情存在很大差异。很多企业注重短期效益，也不愿意为农民职业教育培训"买单"。从农民自身来看，由于收入微薄，他们自费参加职业教育培训的积极性比较低。当然，一些沿海发达地区制定了针对农民参加职业教育培训的资助计划，这些地区的农民职业教育发展还是良好的。农民对职业教育培训能为自己能带来什么收益的认识不足，也在很大程度上影响了农民自费参加职业教育培训的积极性。

当前，社会已经实现了由"拼资源"向"拼智力"的转变，未来能有效驱动经济与社会快速发展的资源一定是人力资源。不管是高学历的管理和技术人才，还是工作在一线的农民工，均要提高自己的智力水平，只有这样，才能在行业内"立稳脚、扎下根"。各产业的企业也将智力作为引进人才的首要标准，因此，职业教育要从内容上创新，提高以智力为基础的职业技能培训内容的比重。

第三节　新生代农民职业教育有效供给探索

新中国成立后，政务院鉴于我国农村人口文盲率超高的现实，开展了四次轰轰烈烈的"扫盲运动"，历时十年之久。此时的农民职业教育是与"扫盲教育"同步进行的，既提高了农民的文化素质，又提高了他们的农业生产技能。改革开放之初，许多农村剩余劳动力涌入城市，他们没有一技之长，只有一把"力气"，对于这样的人力资源，企业需要增加培训成本才能帮助其胜任工作岗位。时至今日，新生代农民已经成为城市建设的主力军，他们对职业教育能否改变自己的命运仍然存在疑惑。他们可能不太关注职业教育能否促进社会发展，但他们一定会关注职业教育能否改善他们的生活、提高他们的社会地位，能否帮助他们享受与城里人同等的待遇。

人们对教育信仰的追问，一直不绝于耳。比如美国教育学家乔治·康茨就在1932年以最简洁的方式提出了"学校敢于建立一种新的社会秩序吗"这一研究课题。这个课题的实质就是对当时教育信仰的怀疑，希望有一种新的信仰替代不合时宜的信仰。只因为它关乎民众的切身利益，才被广大民众所追捧。此后，各国学者都对这一课题进行了深入的思考和研究。比如，迈克尔·阿普尔在其专著中提到南斯拉夫战争中发生的一个故事：一群难民为了生存，从炮火纷飞的萨拉热窝逃亡到斯洛文尼亚，在难民营安顿下来后，这群难民的首领立刻做了两件事，一是维持长远生计的计划配食，二是开办学校。当时难民食不果腹，但还是从少得可怜的难民救济金中抽出一大部分兴办学校，确实让人震惊。因为他们明白只有教育才能给那些在艰苦岁月里生存的难民带来希望与慰藉。多数新生代农民认为职业教育可以解决他们的就业问题，但绝不仅限于看到的这一层。美国教育学家迈克尔·阿普尔早在20世纪末就指出：教育绝不只是关乎就业的问题，它更关乎人们的生活方式[1]。接受职业教育不仅仅为了糊口，还为了提高生命体验与生命质量。新生代农民只有参加职业教育，才能改变自己的命运。

一、职业教育对新生代农民职业发展的意义

（一）引导新生代农民依靠职业教育进行人生决策

对于新生代农民来说，接受职业教育能使其在城市里获得更好的工作和升迁的机会，也能为其再就业和再创业赢取成功的砝码。因此，要想实现职业教育助推产业发展和乡村振兴，就要强化职业教育有效供给。在与新生代农民的深度访谈中，我们能从他们的言谈中深深地感受到他们对自己前途和命运的担忧，同时也感受到他们的努力，这一点是可

---

[1] 阿普尔.教育能够改变社会吗？[M].王占魁,译.上海:华东师范大学出版社,2014:11-38.

喜的。人只有意识到自己的生存窘状，然后努力去改变，才能使自己不被命运所左右。

新生代农民比其父辈更有想法，他们充满朝气、拥有理想，但由于所处的环境，许多人很难从自身视角看到职业教育的重要性。他们中的一些人看待人生的视野较为狭窄，在艰苦奋斗历程中，他们对职业教育的需求，或者说他们在城市奋斗的目标仅仅是改善一下自己的生存环境，他们不清楚职业生涯规划的意义，当然，也不会想到通过职业教育和职业生涯规划实现自己的人生梦想。因此，这就需要"职业教育人"充当其人生规划的启蒙人，引导他们脚踏实地，做出切合自己条件的人生决策。

（二）引导新生代农民通过职业教育改变命运

引导新生代农民通过职业教育改变命运，需要全社会共同努力，才能实现这一目标。首先，政府层面要制定旨在促进新生代农民接受职业教育的各项政策、制度和规章，以便职业教育有规可遵、有章可循。同时，各项政策也可以规范职业教育提供者按照政府要求开发和提供新生代农民急需的职业教育课程。其次，要在社会中营造有利于新生代农民接受职业教育的良好氛围，减少人们对职业教育的偏见。最后，作为长期从事农民职业教育的职业院校、各项职业教育培训机构和教师一定要站在农民的视角去规划课程研发，根据他们的学习偏好去实施教学，以人生规划师的角色去帮助新生代农民理解职业教育。与此同时，在党和国家的职业教育方针和各级政府的职业教育发展政策的指导下，不遗余力地探索新生代农民职业教育的有效供给，为他们建立可供参考的融入城市生活的标准，实施有针对性的职业教育。这类职业教育包括三大块内容，即入城指导性教育、职业技能培训和人文素养教育。综上，不难看出新生代农民职业教育的有效供给需要从顶层设计开始，同时还需要有一整套可以实现的理念和思路以及可以实施的操作系统。在此框架中，从事职业教育的工作者才能有的放矢地开发出能满足多方需求、职业知识与技能相对系统的课程体系，并在课程体系框架内顺应信息时代发展趋势和新生代农民在职学习的特点开发出基于网络的在线学习平台（如智能手机学习平台），这种平台能打破时空限制，满足不同新生代农民的学习需要。从新生代农民进城务工之初，当地政府就需要让他们看到人生理想实现的可能性，让他们看到通往理想的通道，只有这样，才能激发新生代农民无穷的动力，排除万难去追逐自己的梦想。

二、建立职业教育有效供给模式

（一）搭建职业教育需求与供给的对接平台

新生代农民血气方刚，充满朝气，对未来充满了希望，非常迫切进城实现自己的抱负。但当他们进城后，一切并不像他们想象得那么美好。首先要解决的是生存问题，实质就是能否获得工作的机会。对于文化程度较高的新生代农民来说，他们懂得如何获取就业信息，如何辨别哪些信息是准确的、真实的、可信的。而那些文化程度较低的新生代农民，则不懂得从哪里获取就业信息，更不懂得如何识别就业陷阱。因此，新生代农民希望能有一个可信的公共服务平台提供就业信息，帮助他们进城后实现有针对性地就业。而这个平台一定是集政府、企业、机构和个人于一体的综合服务平台。目前各地这类服务平台相继建成，尤其是沿海发达地区，这类平台已为新生代农民获得工作机会发挥了重要作用。

新生代农民通过查看平台发布的信息，较为轻松地实现了就业。目前这类平台的功能还拓展到职业教育领域，平台根据新生代农民选择的就业岗位，运用大数据技术向其推荐各项适合他们的免费和付费课程，其目的就是帮助新生代农民提升职业技能，实现稳定就业。此外，平台还可以向政府提供反馈信息，从而了解新生代农民对职业教育、工作环境、职业岗位、薪酬水平等多方面的需求和诉求。平台还能为企业降低招聘成本，帮助企业快速招聘到合适的人才。平台还能为职业教育课程开发与培训机构提供新生代农民对培训课程、实施形式、授课时间和费用等的基本看法和态度，这些信息能帮助职业教育课程研发机构有的放矢地开发切合新生代农民实际需求的课程，提高职业教育的有效供给。

接受职业教育是新生代农民实现由"农民"向"市民"转变的有效途径。而职业教育供给的第一主体是政府，要在职业教育有效供给上大做文章，促进新生代农民实现"市民化"。职业教育有效供给的模式一定是能满足多方诉求、层次多样、全方位服务的合作共赢模式。这个模式是由政府主导的，统筹规划职业教育有效供给等各方面的工作。具体工作包括：做好相关职业教育资源的优化配置，建立旨在激励职业教育机构积极参与其中的激励机制，协调职业教育有效供给的多方主体的互动。与此同时，制定并完善职业教育有效供给的相关政策、法规，平衡参与职业教育供给主体的利益也是非常必要。第二主体是职业教育机构（含职业教育培训机构），要树立市场调节意识，着眼于市场需求，开发好的培训课程，以满足一些企业的需求，以订单的形式帮助企业培训员工。第三主体是劳动中介机构，该主体的主要任务是建立新生代农民与用人单位的密切联系，做好用工需求与就业需求的调研，并将调研结果向全社会公布。新生代农民作为受惠主体，可以根据自身人力资本状况和自己在职业发展上的要求，主动地获得职业教育相关的信息，在学习职业教育培训课程后，及时反馈自己的学习感受，并以积极的心态参加农民职业教育。图5-1所示为农民职业教育有效供给思路。

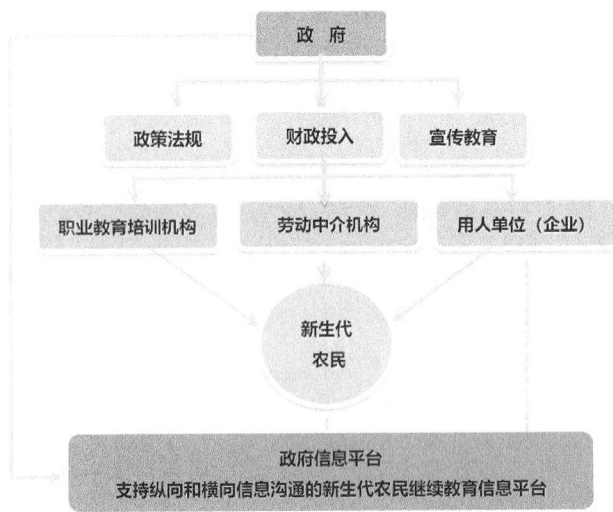

图5-1　农民职业教育有效供给思路

（二）明确职业教育有效供给的目标

提高新生代农民职业教育有效供给，既利国，也利民。它不仅能帮助新生代农民有效就业，还能促使中国工人整体素质的提高，此外还有利于乡村振兴，实现中华民族伟大复兴。加强新生代农民职业教育的意义不仅仅是满足他们学历教育和职业技能的需要，还可以满足他们融入城市生活的需要。在向新生代农民供给职业教育时，要有一套行之有效的、系统的课程模式。这套课程模式能有效地帮助新生代农民系统地学习职业知识与技能、掌握规划未来的技巧、养成终身学习的习惯。在融入城市的社会标准框架下，要让新生代农民瞄准职业发展的目标，通过职业教育有效供给实现融入城市生活的目的。如果说职业培训只是传授给新生代农民在城市谋生的技能，那么职业教育则是获取作为城市合格居民的素养的基本途径。由此可以看出：对新生代农民职业教育的有效供给要从重视职业培训过渡到重视职业教育上，同时还要在供给优质的职业教育服务的基础上，提供更多的学习机会，为新生代农民的职业发展创造持续动力，最终全面提升新生代农民的人文素养。

（三）确定职业教育有效供给的核心内容

农民职业教育有效供给不是新生代农民需要什么，就供给什么。一般来说，衡量职业教育有效供给有两个标准，一是学习者的学习需求，二是产业发展对人才的需求。在两个标准中，产业发展对人才的需求更具决定性，也就是说农民职业教育要紧跟科技发展步伐，满足生产力发展水平的要求。同时要兼顾新生代农民的学力水平，只有符合他们学力水平的职业教育才能提高其职业能力的经济与社会价值。

农民职业教育有效供给到底需要提供怎样的核心内容呢？首先要从新生代农民的人力资本着手分析。新生代农民对农村来说，是剩余劳动力，而人力资本具有创造价值的本能，当他们来到城市，他们的角色就从以前的闲置人力资本转换为城市生产建设的生力军。

在以往"低教育、低技术、低创新导致低生产力、低工资和高淘汰率"的"经济学魔圈"中，职业教育通常被理解为是解决新生代农民劳动竞争力不足和职业能力低下的有效手段。但新生代农民在城市生活不仅仅是作为生产线上的工人，他们还希望能在城市享受与城市居民同等的产业制度、福利制度和就业保障制度规定的各种待遇。鉴于此，职业教育有效供给又有了另一项任务，那就是帮助他们由农民向产业工人转变。在城市高速发展的大环境下，新生代农民进城的规模越来越大，城市面临诸多挑战，比如农民工子女入托和入学问题、住房问题、医疗问题等。也就是说，政府对待新生代农民不能简单地照搬以前的方法，因为新生代农民有留在城市生活、工作的强烈愿望，与上一代农民工有很大的不同。

经过以上分析，可知新生代农民职业教育供给有两个方面的内容：一是事关新生代农民在城里谋生和职业发展的职业技能培训，这一内容也关乎我国产业工人队伍建设与发展。二是事关新生代农民融入城市生活的教育，主要是以观念、意识为核心的素养教育。

在城市化进程日益加快的今天，越来越多的新生代农民希望通过进城务工获得市民身份，但市民身份的转变是一项系统工程，不是国家出台让新生代农民享受城市居民同等待遇的政策那么简单。实现身份转变最为重要的是新生代农民在意识与观念上的转变，比如要通过职业教育建立系统的、全面的市民意识和现代公民价值观等。具体来讲，包括城市生活常识、现代文明礼仪、公民法制意识、维权意识和公平意识等。

进入"十四五"时期后，农民职业教育有效供给必须围绕新生代农民在城市工作、生活遇到的所有问题展开。也就是说，他们可以在职业教育供给产品中找到解决他们在城市工作、生活时遇到的所有问题的答案。职业教育有效供给有以下四个层面的任务：第一层是帮助新生代农民"谋生"的职业技能培训，其目的是让新生代农民通过培训获得一技之长，并以此作为自己在城市生存的本领。第二层是文化知识提升。整体上看，由于城乡二元结构并未彻底消除，加上教育资源分布的不均衡、学习年限的不同和父母教育理念的不同等缘故，很多新生代农民所受的教育低于城市居民。因此，他们可以通过职业教育补上这一课，在文化知识上向城市居民看齐。第三层是旨在提高新生代农民法制、安全和维权意识的教育。要让新生代农民树立安全生产意识，知晓哪些合法权益是受到法律保护的，掌握依法维权的一些本领。第四层是"市民化"教育。这类教育的主要内容包括城市生活常识、城市文明礼仪、现代公民意识、权利意识、平等意识等，引导新生代农民形成对城市文明的认同感和城市生活的责任感。

以上职业教育有效供给需要完成的四层教育任务之间是层层递进的，上一层任务的完成是以下一层任务完成为基础的。简而言之，就是满足新生代农民在城市生存需要的第一层教育任务应以城市发展的实际需要和市场导向为主线，提升新生代农民在城市谋生的技能。后三个层次的教育任务是在生存技能培训需求得到满足后产生的，这与马斯洛需求层次理论存在相通之处。特别是第三、第四层教育任务，这是适应城市工作、生活的素质教育。客观上来讲，新生代农民进城务工，对城市建设做出了巨大贡献，但同时也给城市的社会秩序带来一定的挑战。职业教育有效供给能帮助新生代农民与市民实现良性互动，营造一种易于新生代农民融入城市的良好氛围。总而言之，对新生代农民的职业教育有效供给不单单要从提升他们的人力资本入手，同时还要考虑提高他们的人文素质，这是符合城市发展规律的①。

（四）创新职业教育有效供给的课程模式

1.完善课程体系和内容

虽然我国农民职业教育课程开发有着长达40多年的探索历程，也有对我国经济与社会发展起过重要作用的职业教育课程开发的理念、原则、方法和模式，但随着时代的变迁，有些理念、原则、方法已经不合时宜，需要对其进行完善，完善的内容主要包括课程开发的主体确认、课程体系的重构、教材标准重制、课程实施模式的拓展等。为了全面了解新生代对职业教育有效供给的内容，本研究随机选取了江苏省六个经济较为发达的城市作为调查地，每市随机选取20—26岁的新生代农民各200名进行调查。

调查结果表明：新生代农民对职业教育的需求不仅仅局限于职业技能知识，有不少新生代农民对管理、文学、人文、安全和教育等知识也有需求，这些知识是新生代农民为实现"市民化"提前做的积累和准备。

在新生代农民看来，指导性培训课程更为重要，它能不断地丰富和发展新生代农民适应现代都市生活的知识与技能，帮助并引领新生代农民完成身份转变和角色定位，以此来排除因价值观、理念等不同引起的都市适应不良②。

2.微型化、个性化、趣味化和社群化的课程模式

新生代农民进城获得的工作机会绝大多数是在生产一线，这就决定了他们接受职业教育受到工作环境和工作时间的限制，可用于学习的时间是不确定的，也是零散的。这就要求农民职业教育课程在设置时要有

---

① 李会娟.从人力资本投资看我国农民工受教育问题[J].教育探索,2006(1):35-37.

② 朱敏.城市移民视角下农民工引导性培训思考[J].职业技术教育,2008(4):70-72.

变通性、多样性，尽可能避免在工作时间授课。由于网络技术的快速发展以及互联网的全面覆盖，基于智能手机客户端的网络课程深受广大新生代农民的欢迎，他们可以不受时间和空间限制接受教育，提高自己的职业技能与人文素养。在21世纪初，茅于轼和汤敏等人出资在北京开办了一所富平职业技能培训学校。此培训学校采用的是集培训、就业指导、权益保护为一体的职教模式，即富平模式。这种模式自实施以来就在社会上产生强烈反响，许多学者从经济学、政治学和社会学视角阐述了这种非营利性培训学校在培训农民中的独特作用与意义①。富平模式是以市场化为杠杆，以培训与就业为手段，对进城农民进行"一条龙"的服务。这与国际劳工组织开发的"模块式职业技能培训模式"（Modules of Employable Skill，简称MES）有着异曲同工的效果②。富平模式与MES课程模式一样，都强调要发挥农民的主观能动性，重视农民自学能力的培养，将工作场景急需的知识与技能传授给农民，这样既能节省农民的时间，还能降低农民的学习成本。

在技术突飞猛进的信息时代，职业教育也迎来了全盛的发展时期，随着像抖音、西瓜视频等短视频平台的兴起，农民职业教育搭上了自媒体的快车。在调查中，我们发现超过八成的新生代农民利用自媒体学习各类职业技能和法律、人文知识，近一半的新生代农民对基于智能手机的学习方式表示了赞同，在他们看来，基于智能手机的学习是一种既不耽误工作，又可以不间断地进行学习的方式。也有不到两成的受访者认为基于智能手机的学习方式不理想，主要是部分新生代农民自制力较差，把多数时间用在了刷短视频、打网游上。

在信息技术的大力支持下，各类在线职业课程如雨后春笋般被开发出来，这也是课程开发公司迎合市场的一种大胆变革。虽然可以通过网络向新生代农民推送相关课程，但职业教育培训课程实施的效果并不理想。对此，在开发职业教育培训课程时，政府可以依托高校、大型企业、

① 李湘萍.富平模式：农民工培训的制度创新[J].教育发展研究，2005(12)：81-84.
② 胡小凤.MES课程模式：农民工培训的必然选择[J].中国培训，2006(2)：35-36.

培训机构在职业教育培训上的优势，合作开发网络化、数字化和智能化课程，课程内容可涵盖新技术、新技能等。开发的课程类型应包括职业能力通用课程、职业素质提升课程和人文素质课程，尽可能满足每一位新生代农民的学习要求，实现课程模式朝"微型化、个性化、趣味化和社群化"转变。

（五）建立专业多元的师资队伍

职业教育除了理论教学之外，还需要实践教学，这就需要建立一支专业多元的师资队伍。由于新生代农民的学习需求不一，为了让开发出来的课程有针对性，切实帮助新生代农民获得一技之长，在课程开发、课程体系构建、教材标准制定和教学模式改革上就需要有一支优质的师资队伍。师资来源可以多元化，可以鼓励高职院校的在职教师来校外任教，企业高技人才也可以充当师资。政府可以因地制宜地建立教育津贴政策，鼓励优质的人才从事农民职业教育培训工作。政府可以动员高校、企业、培训机构参与到农民职业教育培训中来，建立一个跨组织、跨部门的资源共享、专业知识共享的师资库，从中选择优质师资对新生代农民进行职业教育培训。

（六）健全职业教育多元评价体系

1.建立企业、行业评价标准

提高新生代农民的专业知识与职业技能，就是提高他们的劳动生产力，提高他们为经济与社会发展的贡献力。当然，新生代农民的专业知识与职业技能得到了有效的提升，其就业质量也会相应地得到提升，从而实现新生代农民的人力资本价值。新生代农民职业教育培训达到多高的水平，才能符合企业的要求呢？目前，我国还没有出台评价从业人员的国家标准。为了检验新生代农民职业教育培训的效果，需要有一套科学的评价标准，各地政府可以根据本地区的产业与行业发展需要，以本地的支柱产业作为试点，制定评价的暂行标准。有了标准，就要认真执行，执行的目的是促进技能人才的快速成长，引导支持各行业组织建立后备人才培养库。

2.落实就业准入，完善职业资格认证考试体系

全面贯彻就业准入制度对于职业教育发展来说，既是机遇，又是挑战。之所以说是机遇，是因为我国正在进行工业产业优化升级，工业3.0时代已经全面启动，工业4.0正在紧锣密鼓地准备，职业教育作为为工业发展提供智力支持的重要教育组成部分，一定要紧跟工业发展的步伐，培育出能驱动工业持续健康发展的应用型人才，这是职业教育发展的关键。为何又说是挑战呢？原因是我国的职业教育并不像德国、美国、日本等工业发达国家那样广受国人认同，我国很多家庭把接受普通高校教育作为子女成龙成凤的首选途径。要想让人们认同职业教育，职业教育首先要把人才培养的质量提上去。如果上职业院校也能为孩子开启美好的未来，人们对职业教育的认同就自然不成问题了。

从当前的现实情况来看，我国的行业就业准入制度由于缺乏监管和惩罚手段，无论是企业，还是个人对就业准入制度的认同度不一，对获得职业资格也没有足够重视，企业也不以职业资格作为录用员工的"准入"标准，这就导致了当前的就业准入制度并没有发挥其应有的作用。此外，人社部门和行业主管部门在职业资格认证上存在一定的冲突，在一定程度上导致了职业资格认证体系的混乱。要想有效解决上述问题，将就业准入制度和资格证书认证考试与新生代农民职业教育结合起来，势在必行。首先，企业要严把"入口"关，没有从业资格的人员不得从事相应职业，只录用或是优先录用有资质的新生代农民，实行有资质员工的工资待遇要比无资质员工的工资待遇高的政策。其次，政府及其职能部门要对行业就业准入制度的执行情况进行定期和不定期的监管，对没有严格执行就业准入制度的企业给予严厉的处罚，并责令其在规定的时间内进行岗前培训，强化持证上岗意识。再次，政府应鼓励人社部门与行业主管部门合作，建立跨部门的协调合作机制，在职业资格认证标准和考核上明确以行业主管部门为主、人社部门为辅的合作模式。最后，

要引入职业院校参与到职业资格认证中来，通过它们加强对职业认证考试的宣传，并在前端加强行业就业准入制度的实施。

3.打通职业和学历互认通道

我国尚未建立学历与职业资格认证互认机制，虽然在一些职业院校，取得某一职业资格证书，可以免考几门主干课程，变相地将职业资格考试与学历教育互认，但这种互认机制并未在国家层面得到确立，需要做的事情还很多。比如要改变农民培训资源分散、多头管理的现状，以实现农民培训规模效益和培训效率最大化。目前，我国成立了国家乡村振兴局，各省、市、县都相继成立这一机构，因此可以以乡村振兴局主导农民职业教育培训，从统筹规划到培训资源整合，从协调管理到资源共享，发挥其管理的优势。以此全面驱动农民职业教育教育的发展，扩大农民职业教育的规模，提高农民职业教育培训的效率。此外，还可以乡村振兴局为主导，建立新生代农民学分银行，当新生代农民的评价和积分达不到入户要求时，用职业资格和学历兑换相应的积分。这样可以激发新生代农民参加职业教育培训的热情。

（七）规范职业教育运行管理

1.开放市场，多元合作

新生代农民体量大，素质相对较低，学习能力弱，且学习意愿还不强，这就决定了新生代农民职业教育不是一般的教育问题，而是需要多方协助、共同应对，需要用系统化思维去谋划解决。从新生代农民职业教育市场参与主体来看，职业教育机构主要包括政府举办的培训机构和职业院校以及为数众多的社会培训机构。为了减轻政府的财政负担，同时达到发展农民职业教育的目的，政府要进一步开放农民职业教育培训市场，引入有资质的、有能力的社会培训机构参与到新生代农民职业培训中来，有条件的地方还可以采取"民办公助"的方式，逐步规范新生代农民培训市场，开发新生代农民的人力资源。

2.建立分工合作、相互协作的工作机制

从治理的视角来看，新生代农民职业教育问题还是一个复杂的系统性问题，涉及的部门包括社会保障、教育、财政、农业、工业等多个政府职能部门。地方政府要主导本辖区里的新生代农民职业教育培训，明确职责和具体分工。各部门在政府的统一部署下，各司其职，共同推进新生代农民职业教育。简而言之，就是要建立主导、协调、分工、合作的职能部门的工作机制。

当前，各地的现实情况大致是这样的：新生代农民职业教育开展过程中存在职责模糊、交叉管理混乱、相互掣肘的现象。因此，明确各部门的职责和任务，建立多部门分工协作工作机制是办好新生代农民职业教育的前提条件。

三、深圳市案例分析

深圳市是改革开放初期党中央、国务院在我国东南沿海设立的五个经济特区之一，40多年来，深圳由一个小县城发展成为超级大都市，很大一部分得益于成千上万的外来务工人员。为了让进城的农民能胜任工作岗位，深圳市农民职业教育起步较早，并借助特区的各项政策大力发展农民职业教育，提高他们的生产能力。经过大刀阔斧地改革和大胆革新，深圳市的农民职业教育也取得了丰硕成果。2014年，深圳市率先开始对新生代农民进行职业教育培训，经深圳市政府批准，市教育局牵头，人社局、财政局积极配合，启动了"深圳市百万市民素质提升计划"，这是对新生代农民职业教育的一次大胆的创新，主要项目有短期培训获取职业资格证书、学历提升、人文素质教育等。通过上述职业教育项目可以大大提高新生代农民的生存技能、职业能力和人文素养。与此同时，政府实行了"积分入户"的政策，为新生代农民实现由"农民"向"市民"的转变在制度上做好了保障。

（一）深圳市政府相关政策保障

深圳是我国对外经济的主窗口，也是我国经济改革的主阵地，改革开放40多年来取得了举世瞩目的成绩，一些与中国经济发展的名词都与深圳有着千丝万缕的关系，比如"中国速度""中国制造"等。取得如此骄人的成绩，与外来务工的农民有着密切的关系。在对进城务工农民进行职业教育的问题上，深圳市政府可谓是超前谋划，非常重视。根据国务院和广东省关于解决农民职业教育的相关政策和文件精神，深圳市早在2006年就开始着手出台农民职业教育的相关政策，比如《深圳市人民政府关于进一步加强农民工工作的意见》《深圳市农民技能提升培训行动计划》《深圳市劳动保障事业发展"十一五"规划》等。据深圳市2021年发布的数据：2016—2021年，深圳市累计培训新生代农民超500万人次，合格率为91%。

（二）发挥各级工会在农民职业教育培训中的作用

深圳市总工会在市委、市政府的授权下，发挥自身优势，积极探索新生代农民职业教育培训的新路径，取得了不俗的成绩。深圳市总工会充分发挥自身优势，在新生代农民职业教育培训工作中积极探索、勇于创新，取得了突出的成绩。通过筹集资金，连续20年开展面向困难职工和农民工的"圆梦计划"和"教育帮扶工程"。据不完全统计，深圳市总工会累计帮助3万农民工圆了提升学历的梦想。从2003年起，深圳市总工会组织开展"迎五一·送温暖"大型公益活动，其中一大部分项目都是针对外来务工的农民，以免费的方式给他们送去素质教育讲座、技能培训等，截至2022年，已有超过4万的农民工在此项活动中获益。此外，深圳市总工会还从每年的财政拨款当中抽出大量资金用于农民工接受培训的生活补贴、技能升级的奖励和工会培训机构教学，此项活动每年受益农民工就超百万。

为了增强工会在农民职业教育培训中的专业性，深圳市总工会征得市委、市政府的同意，成立深圳市职工教育学院，招聘专业技术人员从事农民职业教育培训事业，长期面向农民工开展各个层次的学历教育、素质教育和技能培训等形式的公益活动，以发挥工会在农民职业教育培训中的战斗堡垒作用。2007年，深圳还专门成立市总工会农民工学校，这所学校主要是根据新生代农民工在学历提升、职业教育培训和人文素养等方面的要求创办的，每年培训农民工上万人次，这一举措还获得了全国总工会的表彰，并在全国推广。

（三）选择行政区开展试点工作

提升服务农民工的质量是吸引人力资本有效的方式，为此，深圳市各区政府在农民职业教育培训上做足了文章。以龙岗区为例，龙岗区是以制造业为支柱产业的工业大区，过去这里劳动密集型企业众多，企业员工文化水平普遍较低，职业发展能力较弱。据龙岗区2016年统计，龙岗在职劳动者有50%以上为初中及以下学历。随着科学技术的不断进步，工业智能化逐渐普及，现有的员工水平明显不能满足工业智能化发展的要求，更无力支撑产业型升级，加上内地劳动力输入越来越少，采用原来的劳动密集型发展模式是不可能的。只有加大人力资本开发，提高现有员工的文化水平和专业技术水平，才能缓解劳动力减少对工业发展的影响。为此，龙岗区确立了对现有员工进行"就地培训"的思路，对在职的农民工实行集学历、技能和素养于一体的全面素质提升计划，以提高他们的适岗能力，以此来优化龙岗区的引进人才环境。

当前，龙岗区正处于产业转型升级和城区二次发展的关键时期，尤其是在智能化时代到来之后，龙岗区"高端引领、创新驱动"的经济战略在全区得到了全面贯彻，各类新兴产业争相落户龙岗，此外还吸引了新材料、机器人、智能装备、跨境电商、现代金融等企业。正是有了结构良好的人力资本的支撑，龙岗区近5年的发展可谓骄人。近年来，龙岗区在农民职业教育培训上做了不少探索，同时也积累了不少职业教育培训资源，全区拥有高职院校2所，中专技术学校4所，公办职业教育培训机构 1 家，此外，还有 20 多家社会培训机构，10 家大型企业培训机构。全区有 100 多家企业与全国 300 多所职业院校签订了战略合作协议。

龙岗区从本区产业特点出发，推进了职业教育培训与经济发展深度融合的战略，促进两者良性互动，同时还健全了职业教育培训体系，对扶持激励政策做了有针对性的修订，对培训模式与评价方法进行了有益的探索，初步确立了契合龙岗区产业发展要求，集市场化、国际化和信息化为一体的农民职业教育培训体系。

截至 2020 年，龙岗区的社区学院已实现了全覆盖，年职业教育培训量超 8 万人次，年技能人才培训量也比 2019 年提升了 2 个百分点，初中及以下学历员工的比重下降了 30%，同时大专及以上学历员工的比重比 2019 年提高了 10%。

在农民职业教育培训资源得到充分保障的基础上，就需要有用好这些资源的顶层设计，如管理体制构建、激励政策出台以及培训质量考评体系确立等。通过以上措施能有效地调动农民工参与职业培训的热情，激励社会机构参与农民职业教育培训，规范农民职业教育培训的监管，为产业转型升级和现代化国际化城区建设提供有力的技能型人才支持。

第六章　国外农民职业教育的成功经验

　　现代化农业是支撑现代化工业的基础，两者的发展是相辅相成的。现代化农业能为工业发展提供足量的、优质的原材料和大量的人力资本，而现代化的工业又能为农业提供现代化的农业机械。现代化的农业机械使得农业生产不再以劳动密集型的模式发展，致使农村又出现了大量的剩余劳动力，这些人力资本经过职业教育改造后，进入工业领域，弥补了工业劳动力的短缺。当然，在探讨现代农业经济的发展时，不能仅仅对农业资源和劳动力的数量提出要求，还要关注涉农科学技术的发展和高素质农业劳动者对现代农业经济发展的驱动作用①。在我国当前全力推进城乡一体化战略中，农民一般有两种出路：第一种出路就是在乡镇和居民集居地从事非农职业，地方政府对其进行有针对性的职业教育培训，提高他们接受新事物、适应新环境的能力，尽快完成角色转变，养成市民观念，并提高其在城市生活中的综合能力。第二种出路是农村改革后，农民通过农业生产职业教育培训获得"职业农民资格证书"，继续从事现代化农业生产。不管是哪种出路，都需要农民主动地接受新事物、适应新环境，同时通过不断学习，提高自己的职业能力。而帮助农民实现上述变化，农民职业教育具有不可替代的作用。

---

　　① 谢晶,陈建录,苗厚芳,等.主要发达国家农民职业教育多功能探析[J].安徽农业科学,2013(1):402-404.

第一节　国外农民职业教育经验

一、德国农民职业教育概况及经验

（一）德国农民职业教育概况

德国是西方经济大国，面对二战后的满目疮痍，德国人并没有气馁，而是加快经济重建。而经济重建需要大量的人才，尤其是技术工人，为此，德国针对职业教育发布了多项政令，使得德国成为欧洲经济重建中的一匹黑马，崭露头角。尝到了发展职业教育甜头的德国为此加快了职业教育立法，联邦议会于1969年通过了《联邦职业教育法》，从此将职业技术教育以立法的形式纳入了国民教育体系，确保了职业技术教育在整体教育体系中的地位。1976年，德国再次就职业教育进行立法，联邦议会全票通过《职业训练促进法》，其目的就是加快德国技术工人的培训规模和质量。在这两项法律的指导下，德国联邦政府就职业技术教育的性质、企业和学徒的权利与义务、行业技术标准和职业资格认定等作了详细规定，并要求与职业教育有关的部门严格遵照执行，如有违者严厉惩处①。除了通过立法确保职业教育在国民教育体系中的地位之外，德国还十分重视农民职业教育，其鲜明的特点就是推行由农业企业（农场）和农民职业学校强强联手的"双元制"教育。这里所说的"双元制"是由农业企业和农民职业学校共同参与职业教育，以农业企业为主导，农业企业中各个工作岗位必须具备专业技能，通过企业中的实践与学校的理论教学有机结合的方式加以培养，这种模式不仅能让学生熟悉农业企业的现实工作场景，还能将学校里所学的理论应用到实践中，在解决问题中提升学生运用知识与技能的能力。其核心是要强化德国农民的农业

---

① 蒋昕臻.德国农业职业教育对我国农民教育的启示[J].农民科技培训,2012(10)：13-14.

生产实战技能，而职业学校的教学是围绕农业企业生产展开的，是为农业企业生产服务的。农民从农民职业学校毕业就能直接投入农业生产工作的各个岗位，实现学校与企业的无缝衔接，无须一个角色转换的过程。

为了激发农业企业在职业教育中的热情和主体责任，德国联邦政府在政策上给予农业企业很大的倾斜，比如企业可以将职业教育投入计入生产成本，可以减免税收，也可以计入产品价值，通过商品出售回收①。

（二）德国农民职业教育经验

1.以立法确保农民职业教育的地位

在20世纪60年代初，当时的联邦德国为了摆脱战争的阴霾，开始加速战后重建和经济恢复，对不同类型的技术人才的需求量骤增，但很多人不具备工作岗位应有的知识与技能。为了提升工人的技术水平，联邦政府确立了发展职业教育的经济复苏路线，经过近10年的积极探索，德国工人的职业技术水平有了大幅提升，并在1969年实现了国民经济生产总量翻一番的目标。于是在1969年冬，为了规范全国的职业教育发展，为国民经济与社会发展提供持续的人力支持，联邦议会通过了《联邦职业教育法》，联邦政府在这一法案的指导下，对职业教育和培训等多个关键方面作了更为详细的规定，为德国的职业教育发展奠定了坚实的法律基础。随后在1976年，鉴于在职业教育推行过程中遇到的诸多问题无法从《联邦职业教育法》中找到依据，联邦议会再次通过了《职业训练促进法》。在20多年的职业教育实践中，德国发现职业教育的教育教学方法有待改进，不然培养出来的人才质量得不到保证。为此，德国于1981年再次以立法的形式对职业教育作了明确规定，该法案名称为《联邦职业教育促进法》，它规定了从培训规划到人才需求规格统计和费用等多方面的具体做法，同时还对前两个法案未涉及的问题作了补充。

德国统一后，欧洲经济发展驶入了快车道，职业教育与经济发展的关系也变得日益密切，为了适应新时代的需要，同时也为越来越紧张的

---

① 王宇东.德国双元制职业教育研究[D].大连:辽宁师范大学,2010.

人力资源供给提供谋划，联邦政府在1969年的《联邦职业教育法》、1976年的《职业训练促进法》和1981年的《联邦职业教育促进法》的基础上重新修订了职业教育法，新颁布的《联邦职业教育法》是一部全面的、现代化程度较高的法律。2019年，德国基于当前的经济发展形势再次修订了职业教育法，并于当年通过了《职业教育法修订案》。1969年的《联邦职业教育法》就明文规定了所有就业者必须先接受正规的职业教育。之后历届政府根据时代需要对其表述进行多次完善，如今，德国已经形成了非常健全的、系统化的职业教育法律体系，为德国职业教育的开展提供了法律保障。

2.参与职业教育的热情高涨

在德国联邦政府的统一部署下，各州会根据各地实际情况定期举办与农业相关的社会文化活动，最为出名的是首都柏林地区的"绿色周展会"，该活动会聘请农业专家、农场主等向参加活动的年轻人讲解有关农业的生产知识与技能，还会介绍一些美食制作技巧。此外，还让活动进入中小学校，利用实物、视频、图片等形式让学生了解农业相关的知识、对农业产生兴趣，还会对高中生进行农业最新研究成果的推介。为了加深学生对农业的进一步了解，各州还要求辖区里的学校组织学生到农场和农业企业参观。政府和一些民间组织会定期举办农业发展宣传月活动，向民众宣传农业最新思想和理念，比如休闲农业、生态农业等，这些活动能极大激发学生和民众对农业的兴趣，增进他们对农业的理解。

3.构建循序渐进的教育体系

根据德国的《联邦职业教育法》可知，德国的职业教育分三个层次，即职业预备教育、中等职业教育和职业进修教育（相当于我国的高职教育）。第一层次是针对职业还未定向、可塑性还比较大的学生，通过职业预备教育让学生学习与农业相关的基础知识和基本技能，如果职业定向后，这一农业职业预备教育就能为学生升入中等职业教育做准备。第二层次主要面向已经定向的学生，可以根据学生的职业兴趣和技能特长对其进行有针对性的农业专业教育，这一阶段的教育全部采用理论与实践相结合的"双元制"培养模式。一般来说，完成了中等农业职业教育且考核合格的学生可以在农业企业相应的岗位就业。第三层次是农业职业进修教育，这个层次的教育是应完成了中等农业职业教育的学生的进修需求而设立的，为了帮助学生应对不同经济环境变化下的工作内容，对其进行农业专业知识和更高层次职业技能的培训，培训内容主要是农业领域最前沿的成果和农业科技成果转化等。

4.理论与实践相结合的"双元制"培养模式

德国之所以能在二战后短短的几十年内实现经济腾飞，成为欧洲经济发展的发动机，最大的成功就是加强了职业教育，尤其是采用了理论与实践相结合的"双元制"模式。该培养模式不但能为德国经济发展持续提供高质量的技术工人，还能确保职业院校与企业的良性互动，为职业教育发展提供一个更好的发展空间。

当前，德国的职业教育按其兴办主体可分为两种：一是公立职业教育，二是自由职业教育。公立职业教育以州政府为主导，采用的是三年学制，有严格的职业资格认证标准和认证程序。自由职业教育根据地区的不同，学制也有所不同，一般为二至四年。两种职业教育均采用"双元制"模式培养技术工人。培养的具体程序如下：参加公立职业教育的学生可以在农场所在地的职业教育主管部门注册入学，每周需要去学校上课，学习相应的农业专业知识，之后去农场或是农业企业顶岗实习。农业工人认定的条件包括有规定的时间量的实习证明（由农场和农业企业出具），通过学校组织的毕业考试并获得毕业证书。参加自由职业教育的学生需要通过政府组织的职业教育考试后方能获得同公立职业教育学生一样的证书。

二、法国农民职业教育概况及经验

（一）法国农民职业教育概况

法国不仅是工业强国，也是农业强国。法国的农业之所以如此发达，除了地理位置得天独厚之外，还与法国政府和欧盟强大的资金支持密切相关。在巨额资金支持下，法国开创了新型的农业经济模式——土地集中的中小家庭农场模式，这与德国的农场和农业企业截然不同。德国农业走的是规模发展路线，而法国走的是家庭农场经营模式，这与我国的家庭联产承包责任制相似。值得一提的是，法国的中小家庭农场是在农机合作社的大力驱动下才得以高质高速发展的。农机合作社可以避免农机重复购置，提高农机折旧率，这样可以大大节省家庭农场用于购置农业机械设备的资金。归根结底，法国的农业如此发达，得益于法国全方位的农业教育体系的大力支撑。法国在农业教育上实行的是近乎免费的职业教育，在政府和欧盟的巨额资金支持下，农民可以根据自己的实际需要选择接受不同类型的职业教育。当前，法国已经建成了一个制度有保障、管理机构齐全、职业教育内容健全、培训方式灵活的农民职业教育培训机制。

（二）法国农民职业教育经验

1.政府高度重视和大力支持

虽说法国工业化程度非常发达，但从历史上来看，它也是一个传统的农业国家，重视农业及农业教育是法国政府由来已久的传统。二战期间，法国的工业和农业几乎荡然无存。为了尽快从战争创伤中恢复起来，二战后，法国政府加大了对农业以及农业教育的扶持力度。1948年，法国第一所农业技术学校经国民议会批准在图鲁兹创办。到1960年，法国先后成立农业技术学校达27所。为了规范农业教育发展，法国国民议会通过了《农业教育指导法案》，此法案颁布后，法国的农业技术教育进入了全盛发展时期。到1976年，法国应农业发展需要，建立了一大批农业科研机构和农业高等院校，此外，各省、区还设立了农业中学。到20世纪90年代，法国已经形成了科学完备的农业教育培训体系。进入21世纪以来，在法国政府和欧盟的一系列政策的指引下，法国农业教育开始朝国际化方向发展，现已形成公立和私立两类农业技术学校，培训费用主要来自政府拨款、农业协会征税和土地税等。此外，法国政府每年还投入大量的资金资助农业教育的发展。早在2001年，法国就向农业科研和农业教育领域投入了18.6亿欧元。法国的农业教育一般包括农业技术教育、农业就业前学徒培训和农业就业后的继续教育等。为了弥补因接受教育和培训导致的收入损失，法国政府给每一位参加培训的人员发放补助费，发放标准根据参加培训的时间来确定，该举措大大提高学员参加农业教育的主动性和热情。

2.建立全方位的农业教育体系

现代化的农业是法国经济从二战的阴霾中快速恢复的基础。经过近20年的战后休养生息和20年的经济快速发展期，法国基本建立了独具特色的农业教育体系，为其涉农产业迅速跨入世界先进行列立下了汗马功劳。21世纪以来，以德、法主导的欧盟将农产品出口作为欧洲崛起的重头戏，带动周边国家的农业快速成长。2000年，法国全面实施农民高等教育计划，为农业智能化提前准备了人才。2010年以后，法国的农业教育已经形成多层次、全方位的发展格局。

（1）法国农业教育体系的构成。二战后，法国采取了优先发展农业的政策。提高农业产量、解决人民温饱问题，需要大批有农业生产知识技能的人才，但由于连年战争，很多年轻农民文化水平较低，甚至有相当一部分人不识字，为此，法国政府重点发展切合农民学力水平的中等农业职业技术教育。经过了10年的休养生息，法国农民有了接受高等教育的强烈需求。于是应农业现代化发展和农民接受高等教育的需求，法国开始着手发展高等农业职业技术教育，以满足现代化农业对人才的需求。上述两种教育是培养农业科研人才和农业技术推广人才的，而农业生产一线的劳动者的培养和农业生产一线现有的劳动者的培训任务就落在了农民职业教育身上。于是，在21世纪90年代初，法国开始加速推进了农民职业教育的发展。由此可知，法国的农业教育体系是由中等农业职业技术教育、高等农业职业技术教育和农民职业教育构成。

中等农业职业技术教育主要面向初中毕业生，学业结束且各项成绩合格就颁发农业工人资格证书，学生可持证选择就业，既可以经营农场和农业企业，也可以成为农业生产者。如果学生还有进修的意愿，可以通过注册考核进入高等农业职业技术教育院校继续学习，高等农业职业技术教育院校的学生有两个来源，一是高中毕业生，二是完成中等农业职业技术教育的合格毕业生。高等农业职业技术教育又分三类：高等技术教育、工程师教育和研究生教育。完成高等农业职业技术教育学业且考核合格者可以成为高级技术人员、涉农工程师、农业行政管理官员和农业院校的教师。农民职业教育是根据农场和农业企业的需求而确立的一种教育形式，它有短期和长期之分，学校根据农场和农业企业对人才的特殊要求和学生的具体情况量身打造培养方案，完成农民职业教育且考核合格者颁发职业农民证书，可以继续在原来的岗位工作，否则就要转岗或是被解雇。由于法国严格实施职业资格证书制度，因此，农民接受职业教育的自觉性非常高。

（2）明确农业部门是农业教育的主管部门。法国以法律的形式确定涉农教育由农业部门管理，避免了农业教育多头管理的窘状。然而早在20世纪50年代，法国的农业教育是既有教育部门管理的，也有农业部门管理的，还有一些农业大型国有企业管理的，培养目标、学制、教育内容等各个方面均不一致，可用相当混乱来形容。为了确保农业职业教育对农业生产的促进作用，提高农业生产的质量和数量，法国中央政府明确将涉农教育管理权授予农业部门，在中央政府一级，由农业部统管，负责人员的任命、经费划拨、专业设置等工作，而地方政府的农业部门负责农业教育的具体实施以及实施过程中的各种问题的反馈与解决等工作。农业教育是以农业生产的直接服务为任务而存在的，教育部门只是作为协助部门为农业教育发展服务，比如负责毕业文凭的宏观管理、学科发展的规划等工作。法国教育部特别为农业教育设立了17个专家咨询委员会，教育部门负责召集业界代表研讨职业教育发展方向和调查行业的发展情况，比如是否需要新工艺、新技能和新工人等，并根据行业各类人才的需求状况调整各级各类职业院校的招生数量和颁发职业文凭的数量等，其中包括农业教育。

3.法国农民职业教育的特点

为了研究法国农民职业教育，笔者深入研究梳理了68篇文献，归纳出法国农民职业教育的四个主要特点：一是法国政府从政策和制度上给予农民职业教育保障。根据法国政府有关农民职业教育法令，年满18周岁的农民，需完成为期1年的农业技能培训才能达到从事农业生产的要求，这是进入农业生产领域工作的必备条件。对于18周岁以下的人群的要求则更高，需要在农业技术学校接受为期3个月的农业生产的理论学习和技能训练，随后要到农场或是涉农企业实习3年，实习期满，经考核合格才能获得农业部门颁发的教育证书。在法国，农民只有获得"绿色"教育证书才有资格享受政府给予的用于购置农业生产机械和购地建房的低息和免息贷款。二是法国的农民职业教育采取的是"农业职业技术学校+农业成人培训中心+农业职业教育中心"三级一贯制的农业职业教育体制。在此基础上，政府还鼓励民间资本参与农业科研和农业协会组织建设，其目的就是充分发挥民间资本在推广农业生产新技术中的作用，减免政府的财政压力。三是在农业技能培训内容上十分重视实用性知识选取。随着农业现代化水平的不断提高，农业技能培训的内容也越来越广。农业技能培训是以市场导向和农民需要来安排，主要包括农业生产的基本知识与技能、新技术应用与推广、农场（农业企业）管理与经营、农产品加工与营销、育种栽培技术等。四是农民职业教育培训的理念、手段和方法不断创新。随着农业智能化技术的不断应用，法国开始了一种全新的农民培训模式，就是借网络技术实现跨时间、跨空间的网络教育，农民在田间地头遇到某一问题，可以通过政府开发的农业培训平台（App客户端）查找解决办法，实现边用边学、理论与实践零接触的教育。同时，平台的另一端还有专家以远程指导的方式帮助农民解决农业生产中的实际问题。

三、日本农民职业教育概况及经验

自明治维新以来，日本各届政府都十分重视农业，将农业作为立国之本来发展。日本自然资源并不丰富，国土多在高纬度区域，自然条件对发展农业并不占优势，国土狭小，人口密度高，用于农业生产的耕地也很少。但日本的农业现代化程度高，单位耕地面积产出处于世界领先行列。要从有限的土地上增加效益，就要求加大农业科技创新的支持力度，尤其是在培育职业农民上投入更大。简而言之，日本的农业之所以发达，是因为将农村人力资本开发与培育放在发展农民教育的首要位置上。

（一）日本农民职业教育概况

日本农业科技专门人才的培养是由日本国家农业学院来承担。该教育机构输出的人才是针对特定地区培养的，其专业是基于各地主要农作物设置的。它的职能有两个：一是培育职业农民，二是农业科技推广服务。日本国家农业学院坚决贯彻终身教育思想，鼓励农业协会培养职业农民，力图在培育实践中进行改革创新。在小学、中学、中等职业学校和高等农业学院之间建立网络教育体系，建构立体互通式的学校农业教育体系。日本重视在中小学开展农业教育，从小培养学生热爱农业、热爱劳动的好习惯。通过国家农业学院的培育，大大提高了日本农民应用农业技术的水平，这是日本农业现代化成功的主要因素。此外，日本的工业化和城市化带动了农业积极接受职业教育，实现从农民向市民的角色转变，在转移农村人力资本至工业发展上发挥了重要作用，同时它也为日本经济与社会发展提供了持续的智力支持。

日本农民职业教育在历届政府的大力支持下取得了丰硕的成果，职业农民已经成为农业生产的主力军，这主要得益于日本国家农业学院大力培养职业农民。日本农民职业教育发展飞速，有以下几方面的原因：一是日本将职业教育作为兴国之本。不管是政府还是行业协会，不管是教育学界还是普通农民，都视职业教育为日本发展之源。这对国家而言，有利于经济与社会持续健康发展；对个人而言，有利于个人潜能的开发与利用，提高个人的经济与社会价值。日本职业教育专家们在深入研究本国具体实际的基础上，大力宣传职业教育的重要意义，同时以更广阔的视野向国民推介欧美职业教育的先进经验，比如美国、德国、丹麦和以色列等，这些宣传与推介有利于日本政府推进职业教育改革，建立具有日本特色的农民职业教育体系。二是日本职业教育并非一个封闭的体系，而是一个开放的体系。在不断变化的国际经济形势下，政府和教育管理部门可以通过预测模型预测今后一段时间人才需求的规模、要求，提前培养未来经济与社会发展所需的人才，这不仅能满足经济与社会发展的人才需要，还为农民职业教育发展指明了方向。三是日本为农民职业教育发展提供了强大的资金支持。强大的资金支持主要用于农民职业教育的师资建设。农民职业教育要发挥其开发农村人力资本的作用，就需要有一支高素质的师资队伍。日本的师资队伍建设是灵活多样的，包括农业科技人员、涉农经营行业专家等。从数量和质量上来看，日本的农民职业教育师资队伍可谓是数量庞大、质量极高，为日本农民职业教育飞速发展提供了源源不断的智力支持。

（二）日本农民职业教育经验

进入21世纪，日本农民"老龄化问题"和农村"空心化问题"使得农业为工业提供的原料在数量和质量上都大幅下降，导致其工业化速度放缓。为了彻底解决这两大阻碍农业发展的社会问题，日本政府早在2006年就开始研究实施"青年务农计划"。此计划是采用一些经济手段鼓励青年从事农业生产，使得农业后继有人。由于日本大多数青年人都接受了高等教育，所以青年人务农可以提高日本农民群体的综合素质，为提升日本农业的核心竞争力和促进生态农业发展奠定人力资本基础。这一计划的具体做法如下：政府对初次从事农业的青年人提供农业人才投资资金、青年务农资金（免息）和经营主体培育支援资金等，以解决青年人进入农业生产领域的资金短缺问题。在议会对农村振兴进行立法的基础上，政府出台了农业经营准备金制度和经营收入稳定政策，这两大措施为青年人涉足农业生产创造了良好的环境，也有利于吸引城市青年人到农村就业，大大减轻了城市的就业压力。在"青年务农计划"推行5年后，日本新增青年农民150万人。根据日本的职业标准，日本的职业农民分三类：第一类是自营农业的务农者，即传统农民，这类农民主要包括学生和由"受雇的农业生产者"转变而来的"农业自营者"。第二类是由农业企业员工转变而来的新从事农业生产的人。第三类是由城市剩余人口到农村就业的人，该类从事农业生产的人多是自主筹款购地，初次从事涉农经营。日本政府为了在农村创造良好的就业与创业环境，成立了农村就业与创业环境基金，全方位吸引青年人由非农从业人员向从事农业经营活动转变。

1.引导非农工作者支援农业

20世纪60年代以来，日本大力发展工业，集中力量进行战后重建，不到20年的时间，日本工业化水平就恢复到了战前水平。这主要得益于农业人口向工业领域转移，大量劳动力涌入城市，使得工业化和城市化进程加快。然而农业发展相对滞后，主要是农村的青年人向往城市的生活，通过教育大部分选择进城工作、生活，而农村的农民随着年龄的增长，大多退出了农业生产一线，致使日本农业人口急剧下降，甚至到了无法维持正常的农业生产的地步。虽说日本加快了农业现代化步伐，对劳动力的需求数量会逐渐减少，但对劳动力质量要求会越来越高。

为了吸引高素质的年轻人进入农业生产领域，日本采取了三大举措：一是在城市青年人中进行创业宣传。农林水产省为了吸引更多的优秀青年涉足农业制定了工作指导手册，这些手册是培养青年人对农业产生兴趣的宣传册，经常会摆放在高校、市立图书馆、市政厅等公共场所供青年学生和市民免费阅读。这些手册是以青年人创业兴趣、如何着手创业、创业成功率最高的领域等为框架来编制，其中最能吸引青年学生和广大市民的内容是全国各地新农民创业成功的案例，具体内容从具体的工作和生活方式开始推介，比如日本人喜欢喝清酒，手册中就介绍了日本每年清酒的销售量、哪些品牌的清酒最受青睐、受青睐的清酒有哪些风味等，同时介绍清酒的制作流程、配制清酒的成本等。这些案例宣传能极大地激发还未大学毕业的学生以及尚未涉足涉农产业的市民进入农业领域创业。二是加大信息搜索力度。日本各地方政府都在辖区里设置了"新农民务农咨询中心"和"务农扶持窗口"以吸引刚毕业的大学生和有志于在农业领域创业的市民，都道府县也会根据在校大学生和城市市民的要求不定期地召开各类农研会，为那些有意向在农业领域从事经营活动的人员推介当地政府提供财政扶持的政策、农业生产技术进修制度、农业用地购置、农业企业经营、招聘信息和农村生活环境等情况。三是举行务农体验活动。这一活动旨在吸引尚未毕业的大学生和有志于在农业领域创业的市民体验农业生产的乐趣。活动的具体项目包括由"新农民务农服务中心"设置的短期农业就业体验课程、农业企业新录用人员的岗前培训、管理新农民的农业指导员的务农强化课程等。这些课程是由案例介绍、务农咨询和一些具体的农业生产体验活动组成，通过切身体验生产、管理、加工、销售等一套完整的农业生产经营活动，加强参与课程的学习者对农业生产经营活动的认识。

2. 支援农业之前需要做好准备

由于日本农村劳动力大多流入城市，当前，从事农业生产的年轻人非常少。为了吸引更多接受农业高等教育的城市居民或是大学生去往农村，日本中央政府委托农林水产省制定"青年务农计划"，这一计划包含各种优惠政策。该计划规定：凡18—65岁的青年非农人员和45—65岁拥有农业知识和技能的人，均有资格向市町村的农业主管部门提出申请，经行业论证后可加入农民的行列，从事农业生产，但在正式入职之前需要进行行业规定的前期准备工作。

（1）要做好从事农业生产经济的计划。比如，要认真审视哪些因素会影响新农民务农收益。根据农林水产省官方公布的2015年日本新农民就业状态调查数据，新农民中有65%的人选择种植市场需求大的作物，而地方特色鲜明的蔬菜由于种植面积大、单价并不高，种植特色正在淡化。原有的农业特色在市场的作用下，正在变成非优势农业，这是日本政府非常担心的发展倾向。

（2）选择务农区域。地理位置是农业产业发展能否获得高收益的重要因素。日本国土狭长，纬度跨越大，全境以山地丘陵为主，平原较少，南北气候差别巨大，土壤肥沃度也参差不齐。一般来说，南部地区比北部地区更能吸引新农民。针对这一现象，日本地方政府制定了一系列的移民和农业经营的优惠政策，有意平衡各地吸引新农民的人数比例。在制定优惠政策时，将各地农业生产的自然条件因素作为优惠力度考量的重要标准。

（3）取得耕地。耕地是从事农业生产与经济的基本要素。新农民需要先确定经营内容，再从气候、土壤、水质、基础设施和土地价格上进行综合权衡，最终才能确定是以租赁还是以购买的形式获得耕地。申请从事农业生产的人可以向当地的农业企业、当地农户、市町村和农协等组织和机构咨询土地的有关信息（价格、土地肥沃度、水质、农业基础设施等），据此可以与土地卖方协调价格，完成土地交易。

（4）寻找居住寓所。新农民居住寓所的选择需要考虑两个因素，一是宅价，二是离购置(或租赁)土地的距离。这能为精细化生产与管理提供方便。由于新农民多是外地人，对本地乡土民情并不熟悉，当地的农业企业、农户、农协、农委和务农咨询中心的工作人员有义务向新农民提供咨询服务。

3.积极学习务农的方式

在日本的农民教育体制下，有志于务农的城市居民和青年大学生可以通过如下方式学习务农技术和农产品管理与营销知识。

（1）在务农准备学校学习。通过这种方式学到的务农技术和农产品管理与营销知识比较系统，这种学习方式能快速提升有志于务农的城市居民和青年大学生的农业生产素养。日本的务农准备学校是由政府主导、各地方团体兴办的，主要面向有志于务农的城市居民以及在校大学生。

授课方式以课堂教学为主，兼顾田间实践，授课时间也相当灵活，主要集中在晚上或是周末和夏季休假时段，这样设计的目的就是吸引一些上班族参加农民培训。

（2）通过研讨会和讲座学习。这种方式的学习适合务农技术提高班层次的农民，他们已经掌握了一般的务农技术和农产品管理与营销的知识与技能，为了进一步提升自己在此领域的学识，他们会积极参加这种形式的学习。这种学习是由农林水产省根据全国农业发展的需要进行统一规划安排的，研讨会和讲座的内容要与当地的农业特色相一致。组织方主要是地方自治体、与农业相关的企业，内容涉及务农的基础知识、农产品推销技能等。

（3）在农业院校学习。在日本，各地均设立了农业院校，招生对象包括有志于从事农业生产的高中生，也对具有同等学力水平的其他人群开放。学制两年，学习主要采取授课与实习交互的方式进行。学习内容要比务农准备学校高一个层次，要求掌握实用的高级农业理论知识和农业生产技能。有条件的农业院校除了培育"职业农民"的任务之外，还兼有农业科研任务。

（4）在农家学习。农家提供食宿，让已获得农民从业资格的资深农民手把手地教学生。这种方式的学习优点主要表现在可以让学习者身临农业生产情境，并能亲自动手验证理论知识，从而了解农作物栽培、管理、收获、加工、配送和销售一套完整的农业生产活动。

（5）在农业企业实习。由于日本农业现代化程度较高，一般农家不具备应用最新的农业技术，而农业企业由于资金雄厚，农业人才较多，有些农业企业还设有农业生产科研机构。也就是说，日本的农业企业不仅仅只有农业生产一项任务，它还需要完成农民职业教育培训和农业科技研发等任务。农业企业的经营理念也与农业产业发展密切相连，即"通过农业创造就业，借助农业活跃地方经济"。农业企业的招生对象是农业进修生，学习的内容涉及作物栽培、田间管理、加工出货等业务学习，有些农业企业还提供科学育种技术。

4.创新职业农民培育

日本农业现代化程度越高，对农业从业人员的要求就越高。日本政府为了进一步引导农民认识务农的本质，提高农业生产的质量，还特意为农民制定了较为统一的经营计划，涉及落实耕地、农具、肥料等生产物资。为了强化政府对农业发展的直接引领，农林水产省根据各地农业发展需要组建了三支务农指导团队。

（1）农业女子计划事务局制定了"农业女子务农计划"。对于人力资本相对缺乏的日本农业来说，开发女性人力资本势在必行。根据日本"男主外，女主内"的家庭生态，女性在家庭中专司家务和培育子女，除此之外，没有其他事情可做。于是日本政府成立了农业女子计划事务局，通过宣传与教育，正在慢慢转变"男主外，女主内"的家庭生态。在"农业女子务农计划"的指导下，自2000年开始，女子务农的数量迅速增加。她们在农业企业和一些务农教育培训机构的帮助下，开始以"新技术、新方法、新思路"为切入点融入农业生产的各个环节，比如开发新的农产品和新的服务，并把农村日常生活作为资源开发休闲农业服务项目。这一计划既能将女性这笔人力资本利用起来，又能激发女性务农者农业经营的潜能，最为关键的是让女性就业多了一种选择。

（2）市町村或道府县设有"全国农业青年俱乐部联络协议会"。这种组织为了鼓励青年人进入农业领域，还组建了"4H俱乐部"（即农业青年俱乐部）。"4H"中的每一个"H"都对应一项需要修炼的农业生产素养，即磨炼经营手腕（Hallds）、锻炼经营头脑（Head）、培养诚心和善心（Heart）以及保持健康（Health）。当青年人将"4H"作为自己的工作信念后，就能努力钻研，提高自己的农业生产素养。他们每年都会参加"全国农业青年交换大会"，此交换大会是与农产品消费者及其他团体共商农业生产的平台，交换的内容涉及"务农中遇到的问题、破解之法"等。

（3）农业指导员队伍。"农业指导员"是一种荣誉称号，也是"农业能人"。在日本，如果在农业经营中业绩优秀，同时还完成了政府核定的新农民培训工作任务的农业经营者，经由都、道、府、县知事认定，可获得"农业指导员"的称号。农业指导员类似于欧美国家的"农业导师"，他可以接收农业高等院校的实习生和新农民，指导他们了解农业生产活动，提高他们的农业生产技能。

5. 制定政策鼓励非农人员

农业领域的人才大量流失，是因为从事农业待遇不高，前景不好。为了扭转农业劳动力流失的局面，农林水产省提供了全方位的服务政策给予支持，其目的就是鼓励更多的非农人员进入农业领域创业。

（1）创设农业次世代人才投资事业。日本农林水产省扶持的这一项事业，实质就是对在农业院校、先进农业企业等机构有1年以上（或1200小时以上）学习经历，有志于从事农业的人员，政府将在2年内给予150万日元的生活补贴，这个等级的补贴是针对正在准备从事农业生产的人员（准备型）设立的。对于已经开始从事农业生产经营的新农民则提供更高等级的生活补贴（开始经营型），即5年内提供年均150万日元的生产补贴。根据文献上查到的数据，截至2017年底，日本获得准备型生活补贴的人数为12672人，获得开始经营型生产补贴的人数为2342人。

（2）设立青年务农基金。青年务农基金实质是面向青年新农民免息贷款的一种制度。申请这种免息贷款的资格如下：经都、道、府、县级知事认定的18—45周岁的青年新农民，或是具有务农专业知识与技能，但年龄未满64周岁的农民均可申请此种免息贷款。此外，还可在从事农业生产经营5年内向当地农协或是民间金融机构提出免费贷款申请，由各地审核后统一提交到日本政策金融公库审批，并按专用账户的方式将贷款汇入农民手中。

日本青年务农基金发放的贷款有着严格的应用范围，即用于租赁和改良耕地、栽培与管理作物、驯养家畜家禽、购置农机与化肥、建设农产品物流体系和加工生产线等。贷款期限为12年，贷款额度高达3700万日元。

（3）驱动农业经营体培育。培育农业经营体的目的就是要扩大农业生产经营规模，提高农业现代化水平，将农业由机械化推向智能化。日本政府设立这项事业主要是针对有意购买农用机械和园艺设施、改善和扩大生产规模，为新农民的经营体提供融资补助。这种贷款的保证人是农业信用基金协会，所以该组织对农业经营体的经营有监督之责。此种补贴向自然条件恶劣的山区的农业生产经营者倾斜，倾斜的额度比自然条件好的地方多出 30% ~ 50%。

（4）确保农业经营者的收入稳定。为了确保农业经营者收入稳定，日本出台了旱地作物直接补贴制度（后决定此项制度也适用于水田）。此外，还有两个补充制度，即旱地作物收入平衡制度和活用水田直接补贴制度。以上三种制度是向农户直接注入补贴资金，以平衡因生产条件差异导致的农产品价格差，补贴标准是按生产农产品数量和经营的耕地面积来确定的，日本中央政府用于直接补贴制度的预算是 6155 亿日元。

（5）新农民收入保险制度。为了减少农业生产经营的风险，日本中央政府出台了新农民收入保险制度，该制度于 2019 年 1 月施行。日本新农民收入保险主要针对农产品减产和跌价导致的损失以及农户因伤病无法劳作、农业生产资料失窃、运输事故、农产品出口关税变化、交易对象破产等因素导致的损失等。这项制度能确保从事农业生产的农民收入稳定，同时还能吸引大量的非农人员进入农业领域创业。

第二节　国外农民职业教育成功经验对我国的启示

农民职业教育最早起步于欧美发达国家。为了确保工业发展的原材料充足，欧美发达国家在农业生产中大做文章，比如加大农业科研力度、提高农民的专业知识与技能等。下面就简要地归纳一下德国、法国和日本的农民职业教育成功经验对我国的启示。

一、德国农民职业教育成功经验的启示

德国之所以在二战后经济迅速恢复，很大程度上得益于其职业教育的发展。目前，中国正在启动新型农民培育事业，由于处于起步阶段，农民职业教育实践中还存在诸多问题等待破解。通过比对中德农民职业教育，可以明确差距，知晓德国的成功经验，有利于我国推进新型农民培育事业。

中德在农民职业教育领域的共性主要表现在都有一套切合本国国情的农民职业教育制度，都是以分类定级的方式推进农民职业教育，在立法、经费和师资上都有一套保障农民职业教育开展的保障制度。

德国农民职业教育对中国农民职业教育事业发展的启示主要有四点：

（一）完善法律保障体系

前面已经提到我国现行的《职业教育法》对农民职业教育涉及不多，可以借鉴德国经验，对《职业教育法》进行有针对性的修订与完善，以立法的形式明确农民职业教育管理与运行的机制，对从事培育新型农民的各部门的权利与义务也要进一步明确。目前我国农民职业教育处于"多头管理"的窘状，为了解决这种尴尬的局面，需要明确农民职业教育主管部门，同时鼓励各地根据本地实情出台"职业农民资格"认定管理办法，以提高农业的专业化水平。

（二）健全农民职业教育制度

德国的农民职业教育脱胎于"双元制"，且这一制度在德国有着悠久的历史，经历了数次修订，已经是比较完备的职业教育制度。借鉴德国"双元制"，不能照抄，而应结合我国国情做有针对性的修订。此外，还要建立引导各类职业院校、培训机构和涉农企业开展新型农民培育的纵深合作的激励制度。针对不同年龄层次的受教育者，要满足他们的需求，比如针对青年农民，他们有学历提升的需求，所以要建立农民中职教育

和农民高职教育两个层次的教育体系。而对于中年农民，他们没有学历提升的需求，教育要以短期培训为主，如开展"解决农业生产问题"等类型的讲座。

（三）完善经费投入机制

目前，我国农民职业教育经费全部由政府承担，这调动不了各个主体参与农民职业教育的积极性。因此，可尝试学习德国的农民职业教育经费分摊制。当然参与农民职业教育的农业企业完成了政府分配的新型农民的培育任务后，根据质量和数量可将分摊的经费如数还给企业，同时根据培育新型农民的数量与质量给予丰厚的奖励。如果农业企业在培育新型农民中不积极，甚至走过场，不但分摊的经费不返还，还要剥夺其享受农业优惠政策的权限。

（四）构建职业农民资格认证体系

中国幅员辽阔，难以在全国范围建立标准统一的"职业农民资格"认证体系。因此，我国可以采用"化整为零"的方式构建以省级为单位的"职业农民资格"认证体系。在国家职业分析标准体系的指导下，各省在充分考虑本省的农业产业结构和农业就业特点的基础上，制定科学的"职业农民资格"认证体系。

二、法国农民职业教育成功经验的启示

农业科技促进了农业生产力的不断提高，对农业从业人员的要求也会随之提高，这就是农民职业教育兴起的原因之一。为了适应现代农业发展，需要培育大量的新型农业劳动者，他们应具备农业知识扎实、农业技能娴熟和擅长农业经营等特质，同时还要摒弃传统的习惯思维，平等客观地看待"农民"这一职业。

（一）强化政府宏观调控

随着生产力的不断发展，劳动分工越来越细化。农民作为劳动分工后出现的一个职业，理应得到与其他职业平等的权益。农民职业化是现代农业发展的必然趋势，也是"农民"身份从真实意义上回归职业体系的开始。

农民职业教育受农业部和教育部的双重管理，这种管理机制有优势，也有劣势。优势是能吸纳两个部门的教育资源，提高农民职业教育的针对性和科学性。劣势体现在多头管理，当两个部门在农民职业教育上发生分歧时，农民职业教育会处于尴尬的局面。鉴于上述原因，两部门要有大局意识，统一思想把农民职业教育办好，提高农民的综合素养，最终提高农业生产力。在农民职业教育的组织管理上要明确以哪个部门为主导，哪个部门为辅助，这样就能避免农民职业教育盲从的窘状。农民职业教育是21世纪来新兴的一种成人教育类型，我国现行的《职业教育法》对其涉及不多，所以我们需要加强农民职业教育立法，让农民参加培训和再教育有法可依，对参加培训并通过考核的农民给予培训补贴，以此来提高农民参加培训的积极性。在高校中，也要做好未来农民培育引导工作，比如规定大学生参与农业实践达到一定时间可折算成学分。政府还要加大农业基础设施和农田建设资金的投入，确保农业创效能力持续提升。尤其是要营造一个良好的、对年轻人有较大吸引力的农村创业氛围。

（二）构建农民职业教育体系

法国的农民职业教育体系是在整合现有资源和潜在资源的基础上构建的开放、灵活、协调发展的农民职业教育体系，其在法国农业发展中发挥了重要作用，主要体现在新型农民培育的数量与质量上。由于农民职业教育是成人教育，向全体国民开放、教育形式灵活应是其最大特点。2018年，农业部课题组就曾对我国农民职业教育展开调查，调查结果显示，农民职业教育有学历教育和非学历教育两大体系，共六个分支。但在教育层次上并不协调，衔接不够紧密，有些地区因缺少规划，重复办学的现象严重，导致本来就短缺的教育资源浪费。应彻查现行的农民职业教育体系存在的问题，并根据农业的区域特点对农民职业教育体系进行合并、拆分、调整，使农民职业教育体系走向专业化、规范化道路。在农民学历教育体系中，要疏通专科、本科、硕博研究生层次之间的衔接问题，让有学历提升需求的农民有提升通道。与此同时还要重视师资队伍建设，在补充师资数量的基础上提高师资质量，在年龄结构、专业结构、学历结构、职称结构上做到均衡，聘用有经验的现代农民充实师资队伍。在课程设置上要以农民的需求为导向，结合农业发展的区域特色，不断优化调整课程体系，以灵活、开放的方式落实课程与实习，确保农民学习成果最优。

（三）健全文凭准入制度

为了确保进入农业生产领域的人的高素质，健全文凭准入制度可以把严"准入关"。法国政府为强化粮食安全，对农业的资助和补贴的力度是世界其他国家无法比拟的。农民已经成为一种职业，它与其他职业一样需要持证上岗。

当前，我国不少地区农民的土地都承包给有农业资质的农业企业种植，很多农民进城务工，缓解了城市"用工荒"。虽说目前推行文凭准入制度条件还不够成熟，但一些经济发达地区引入文凭准入制度的条件还是成熟的。在乡村振兴战略向纵深推进之际，借鉴法国的文凭准入制度是可行的。参照法国的做法，可在教育部或农业局下设专门机构，根据不同区域的农业发展特色与具体要求设置各类资格证书，由该专门机构根据标准考核、颁发和监督后续的继续教育工作。要取得"职业农民"资格证书需要经过严格的考核，考核内容要与当地农业特色密切关联，全国不能强求划一。

三、日本农民职业教育成功经验的启示

早在2018年，中央一号文件就提出要创新农村人才培育引进使用机制，要大力鼓励农民回乡创业，重视"职业农民"培育工作，加快农村专业化人才队伍建设。目前，乡村振兴战略正在向纵深推进，更需要一支"爱农村、知农业、懂经营、会生产"的农业专业化人才队伍。地方政府需要通过加快土地流转、释放农户资产潜能、巧用支农资金等形式来营造农村资源多元化和产业聚集化发展态势。要达成这一目标，培育"职业农民"势在必行。日本培育新农民的措施有一定的参考价值。

（一）确立资金支持方案

留住人才的措施有三个，即待遇留人、事业留人和情感留人。这三种措施缺一不可。农村要想留住人才，首先需要给足待遇，人才才能安心在农业生产领域工作，创造他们应有的价值。其次，还要为他们搭建有"用武之地"的平台。各类支农政策与资金要到位，地方政府职能部门不能以各种借口推脱，这样会打消回乡创业或是有志于在农村干一番事业的大学生的积极性。为此，政府职能门应把服务送到田间地头，帮其排忧解难。最后，就是解决人才的家庭生活的后顾之忧，比如子女的入托、入幼、入学和配偶工作等问题。要想农村留住人才，必须让农业生产经营活动成为稳定的有保障的就业选择。

解决支农资金问题，日本的做法值得借鉴。日本政府对首次进入农业生产领域的青年人提供青年务农资金，农业职能部门积极帮助他们开展收益较高、市场前景好的农业生产项目，同时，在不降低从业人员综合素质要求的前提下，降低新农民进入农业生产领域的门槛。

自2019年之后，各地政府根据具体实际对回乡创业的农民工采取间接补贴的办法，比如减免税收、社保补贴，或是对其经营的生产示范基地和现代农业园达到国家验收标准后给予资金奖励。这种资助虽然能保证支农资金的安全，但也存在一个漏洞，那就是回乡创业的人在创业初

期的资金瓶颈问题得不到解决。所以直接补贴和事前补贴需要提上议事日程。在深入农村访谈后得知，广大农民希望政府在巩固原有的农业补贴和创业补贴的基础上，设立农村创业就业基金以服务回乡创业的农民和大学生，向满足条件和资质的个人和企业提供一定额度的无息贷款。为配合农村创业，农村金融也要转变思维，以资金引导回乡创业的人从事收益高、市场前景好的农业创业项目，以催生农村新产业、新业态的生成。

（二）设置"产学官民"联合的务农咨询机构

日本非常重视非农人员了解务农的渠道建设，为有意进入农业领域的非农人员提供高效的咨询服务。日本的务农咨询机构是由产业、学校、政府和农民组成的咨询机构，它能提供务农内容、学习方式、经营技术、农地获得、资金补助申报、风险保障等内容的咨询服务。

当然，有务农意向的人也可前往农协、农业企业、农场主和农业指导员那里参加"一对一"的技术指导，通过这种方式获得务农经验。

目前，我国只有东部沿海地区形成了较为完备的农民项目专家咨询机制。一些规模较大的农业企业已经将农业专家的意见纳入大型农业项目的申报、立项、跟踪和验收中，但规模较小的经营户还是采取"单打独斗"的方式。在广大中西部地区，贯穿整个农业生产经营各阶段的指导体系尚未形成。

当前"回乡创业"正在回暖。"回乡创业"的农民不仅了解农村资源，熟悉农业生产流程，在多年外出打工期间积累了一定的资金，也学到了一定的技术，他们当前最缺乏的是经营管理知识和现代农业知识。与此同时，还有一些非农人士有雄厚的资金，现代农业知识也非常丰富，但他们有一个弱点，那就是对农村不甚了解，务农经验也不足。

鉴于此，各地基层可以建立类似于日本的"产学官民"联合的务农咨询机构，根据当地的农业特色和资源多寡，帮助农村创业人员制订切合实际的计划，提供"一对一"的农业技术帮扶，通过这些行动提高农村创业人员的资源开发、项目设计和产业规划能力。

（三）加大具有当地农业特色的农业职业教育供给

日本的农民职业教育体系和学习方式是灵活多样的，主要是根据时令来安排农民职业教育。日本政府出台了一系列鼓励政策，吸引广大青年报考农业高等院校，接受系统的农业知识学习，参加农业技术实践应用。对于已成年且有意务农的人员，可以报名进入农业学校参加短期的培训，也可以进入农户和农业企业实训，以"边学边干"的方式获取农业知识与技术以及务农经验。

在我国高等教育中，各省至少有一所农业大学，各综合院校也有农学院，还有不少高校开设了农林牧渔和农业科学等专业。每年录取的学生也不在少数，但这些学农的大学生最终就业并没有选择农村，而是留在城市。而那些从事农业生产的农民，由于受教育水平低，接受再培训的意识不强，有时会因时间、收入、环境和信息等因素的影响，接受较为系统和连续的现代农业技术和经营管理的机会并不多。这是我国农业实现高质发展必须认真对待的问题。

为了解决上述问题，我们需要为广大涉农专业的大学生提供到农村实践的机会，强化他们对农村的认知，要让他们明白广大农村也是发挥他们才干的大舞台。

在乡村振兴战略全面推进的时局下，各地应将阻碍农业发展的典型问题作为自己的工作重心。比如，广大农民因自己缺乏现代经营管理知识而苦恼，各地可以采取以下三种方法加以解决：一是重视农民基础教育，在激发创业农民学习意愿和提高他们学习能力上下功夫，对创业农民实行差异化教学模式以提高他们的农民职业技能。二是借助农业类高校和科研院所的专业优势，帮扶创业农民，各地政府牵线搭桥，促进农业高校和科研院所与农民结成长效帮扶机制，促进农业科技成果转化、试验和推广。农业高校和科研院所要向农民供给"职业农民"培育课程，为回乡创业农民学习农业经营、区域协作和绿色发展提供机会，帮助他们尽快调整农业产业结构以适应当前的市场发展需要。三是要发挥农业企业和"农村能人"的示范引领作用，结成"一对一"帮扶结对子的培训方案，以现场教学为主来提升农民的实践能力。

第七章　新生代农民职业教育与休闲农业
对接的协同创新研究

　　休闲农业是现代农业发展的一个重要方向，快节奏的都市工作、学习与生活使得城市居民向往到农村体验一下短暂的恬静与慢节奏的生活，以缓冲过于紧张的生活状态，这就为休闲农业发展创造了机会。但城市居民对农村恬静与慢节奏的生活质量要求较高，因此，提高农民的服务意识和休闲农业经营与管理技能势在必行，这又为农民职业教育供给与休闲农业对接的协同创新提供了舞台。

第一节　休闲农业概述

　　休闲农业是指集农业、渔业、畜牧业、休闲、旅游、文化和生态为一体的综合产业。随着休闲农业发展空间进一步拓展，休闲农业在经济发展中的占比逐年提升。由于休闲农业是近年来才兴起的综合产业，其需要的专门人才并未提前培养，所以休闲农业人才十分短缺。要解决制约休闲农业发展的人才瓶颈问题，最好的办法就是让休闲农业与职业教育实现协同发展。由于地理和历史的原因，苏南地区以工业发展为主，而苏北地区农业占比较大，这也就决定了苏北地区的发展模式是以现代农业为经济发展的主要生长点，以休闲和旅游为两翼，在高铁网络建设下，努力成为长三角地区和京津冀地区的"3小时都市圈"旅游休闲的最佳目的地。

　　苏北地区的休闲农业也应有所侧重，长三角地区应作为苏北地区发展休闲农业的主要推广市场。此外，青岛都市圈和郑州都市圈与苏北地区相邻，也是苏北地区发展休闲农业不可忽视的市场。

　　当前苏北五市休闲农业处于高质量发展阶段，且发展态势越来越猛，这说明苏北五市的休闲农业远远不能满足城市居民的需求。供不应求，休闲农业经营实体提供的服务质量就会有所下降，负面事件也屡屡曝光。究其原因，这是休闲农业受制于各类服务人才短缺导致的。为了加快苏北五市休闲农业高质量发展步伐，苏北五市政府应与职业院校联手，加大休闲农业管理与服务人才的培育。就当前形势来看，应是"救急"式人才培养，因此，"以缺什么人才，就培养什么人才"的订单模式实现高职院校与休闲农业协同发展是一个不错的创意。基于此想法，我们以"职业教育与休闲农业对接的协同创新研究——以苏北地区为例"为题申报了2020年江苏省社科应用研究精品工程课题。

　　产教融合理论是当前职业教育研究中比较成熟的理论，这一理论是在职业教育与产业对接中不断完善发展起来的，是当前职业教育研究常用的指导理论。研究首先调查了苏北五市休闲农业发展和职业教育发展现状，进而对两者对接协同创新的现状进行了深入分析，确定研究要以找出苏北五市职业教育与休闲农业对接协同创新新路径为目标，在产教融合创新理论的基础上汲取职业教育和产业发展理论的精华，尊重职业教育与休闲农业对接的规律，建构苏北五市职业教育与休闲农业对接创新的理论模型，采集苏北五市官方公布的数据来论证职业教育与休闲农业对接协同创新的可行性，以实证方法寻找问题的突破点，并提出职业教育与休闲农业对接协同创新发展的路径。

　　本研究基于苏北五市现代农业经济发展的实际和当地政府职能部门运行机制，提出建构以政府职能部门（农村农业、渔业、畜牧业、旅游、生态等）、高职院校、企业和职业院校学生为支撑的"四个主体+四个层面"的对接协同创新模式以帮助涉农职业院校学生更好地从事休闲农业生产与管理。研究主要从微观层面论证这一模式的可行性和有效性，以此来丰富新生代农民职业教育与休闲农业对接协同创新的理论。

第二节 苏北五市新生代农民职业教育与休闲农业 发展现状及对接调查

一、苏北五市休闲农业发展现状

苏北五市纬度适中，温带海洋性气候让苏北有着苏中和苏南无法比拟的发展休闲农业的条件，最显著的气候特征是四季分明，能吸引不少城市居民来体验不同季节的休闲项目。西北部的山区，夏季能避暑，冬季能滑雪，开发生态休闲项目条件优越。苏北广袤的土地上孕育了种类繁多的农产品，适合发展采摘、耕种等体验性休闲娱乐项目；生态环境优越、乡风淳朴，适合发展依山傍水的休闲农家乐项目。

历史上苏北地区历来是兵家必争之地，因此，苏北五市的文化积淀相当深厚，尤其是先秦文化和两汉文化，这是发展休闲度假农业项目的文化优势。此外，还有科教旅游、文物博览、森林、生态以及民俗艺术等，均是苏北五市发展休闲农业深厚的根基。

从交通上来看，徐州是苏北五市的交通中心，也是全国性交通枢纽，素有"五省通衢"之称，众多铁路和高速公路云集于此（见图7-1）。连云港是我国重要的港口，是南北交汇的重要海运枢纽。近年来，淮安已经发展成为连通苏南的重要交通枢纽，也是华东地区重要的物流中转站。2020年12月，连徐、连淮扬镇两条高铁相继建成通车，使得苏北地区进一步巩固了长三角地区和京津冀地区的"3小时都市圈"地位。

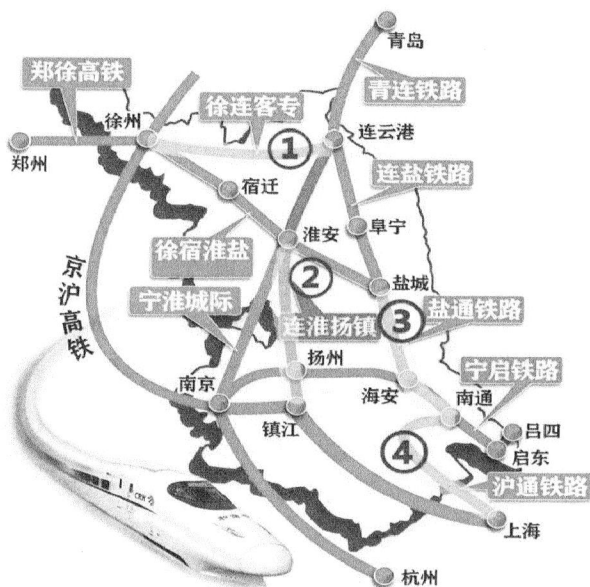

图7-1　江苏省2020年底运营的高铁网示意

苏北五市要抓住机遇，在江苏省沿海经济开发上升为国家战略的背景下，深入挖掘，掌握当地的优势，相互取长补短，并在资源共享依托下，以发展休闲农业为突破口，加快驱动经济动能，形成发展合力，打造苏北独具特色的休闲农业发展群。截至2019年底，苏北五市已经具有国家级休闲农业旅游示范点33个，其中连云港市12个，宿迁市4个，徐州市7个，盐城市5个，淮安市5个。经过短短7年的努力，苏北五市的休闲农业发展初具规模，为兄弟省份发展休闲农业提供了一个可供参考的范式。

此外，苏北五市均有自己独具特色的休闲农业品牌，比如连云港的"连云港之夏"、淮安的"盱眙龙虾节"、徐州沛县的"红富士苹果节"等。从苏北五市举办的各类涉农节日庆典活动和"江苏最美乡村"数量上来看，虽然相比苏南少些，但从现有的区位优势来看，还是不错的。由江苏省文明办、江苏省委农工办、江苏省农委等10部门联合组织开展的第四届"江苏最美乡村"评选活动中，苏北五市共有10个乡村入选。

目前，苏北五市休闲农业的发展类型主要有休闲农业园、休闲农庄、农业科技园和农家乐专业村四种，呈现出发展速度快、品牌化效应好、发展空间宽三大特点。

二、苏北五市高职教育发展现状

从高职院校均衡性来看，苏北五市高职教育发展均衡性较差，主要体现在高职院校数、在校生人数和教职工人数等方面（见表7-1）。

表7-1　2020年苏北五市高职院校分布及规模情况统计

地级市	高职院校数/所	教职工人数	在校生人数
连云港市	2	778	15000
徐州市	5	2614	46200
淮安市	4	2012	31790
盐城市	3	996	22000
宿迁市	2	671	9900

2020年，苏北五市共有高职院校16所，在校学生总数是124890人。从表7-1中的数据来看，苏北五市的高职教育发展仍不均衡。将苏北五市高职教育力量与它们的GDP做比对后发现，高职院校数量与当地经济发展水平呈正相关（见表7-2）。

表7-2　苏北五市2018年和2019年GDP一览

地级市	2018年GDP/亿元	2019年GDP/亿元	增量/亿元	名义增长率
连云港市	2771.70	3139.29	367.59	13.26%
徐州市	6755.23	7151.35	396.12	5.86%
淮安市	3601.25	3871.21	269.96	7.50%
盐城市	5487.08	5702.26	215.18	3.92%
宿迁市	2750.72	3099.23	348.51	12.67%

由表7-1和表7-2对照可以看出：苏北地区徐州市经济发展水平最高，且该市的高职院校最多，无论是在校生规模、还是科研应用成果转化都胜于苏北其他城市。这在一定程度上说明，一个地区的高职教育发展水平与经济与社会发展水平之间会形成了一个相互影响、相互促进的

良性循环态势。对苏北地区来说，徐州、淮安和盐城的高职教育与当地经济与社会发展基本形成了良性循环态势，而连云港和宿迁两市的高职教育相对比较落后，相对落后的高职教育与欠发达的地方经济形成了负性循环。显然，这种现象是不利于苏北经济发展整体形势的。

苏北各高职院校专业设置广，但涉农林牧渔专业偏少。以江苏省2020年招生计划为基础数据，通过教育部2004年公布的《普通高等学校高职高专教育指导性专业目录（试行）》对苏北地区16所高职院校的专业设置进行统计分析，统计结果见表7-3。

表7-3 苏北五市16所高职院校专业设置统计结果

序号	专业大类	二级专业			招生专业		
		专业目录数	专业开设数	专业开设率	专业目录数	专业开设数	专业开设率
1	农林牧渔	5	3	60.00%	38	4	10.53%
2	交通运输	7	4	57.14%	51	25	49.02%
3	生化与药品	4	4	100.00%	23	8	34.78%
4	材料与能源	3	2	66.67%	21	4	19.05%
5	土建	7	6	85.71%	21	19	90.48%
6	水利	4	1	25.00%	19	6	31.58%
7	制造	4	4	100.00%	32	16	50.00%
8	电子信息	3	3	100.00%	29	11	37.93%
9	环保、气象与安全	3	2	66.67%	10	3	30.00%
10	轻纺食品	4	3	75.00%	25	10	40.00%
11	财政	5	5	100.00%	36	26	72.22%
12	医药卫生	5	5	100.00%	27	13	48.15%
13	旅游	2	1	50.00%	8	2	25.00%
14	公共事业	3	3	100.00%	21	3	14.29%
15	文化教育	3	3	100.00%	20	5	25.00%
16	艺术设计传媒	3	3	100.00%	30	10	33.33%
17	公安	4	1	25.00%	0	0	0.00%
18	法律	3	2	66.67%	0	0	0.00%

序号	专业大类	二级专业			招生专业		
		专业目录数	专业开设数	专业开设率	专业目录数	专业开设数	专业开设率
19	资源开发与测绘	6	0	0.00%	45	0	0.00%
	合计	78	55	70.51%	456	165	40.15%

苏北五市16所高职院校在2020年的招生专业覆盖了指导性专业目录中19个专业大类中的16个，覆盖率为84.21%，78个二级专业目录中已经开设了55个，开设率为70.51%。在456个招生专业目录中，有165个已经开设，开设率为36.18%。

调查还发现，苏北地区作为江苏省农业生产较为集中的区域，涉农专业偏少，农林牧渔专业大类中的5个二级专业目录只开设了3个专业，专业开设率为60.00%，而在招生的38个专业目录中，只有4个专业开设成功，开设率是所有专业中最低的，为10.53%。除此之外，苏北五市高职院校专业设置同质化非常严重，各校争相开设目前较为热门的专业。比如物流管理专业，苏北16所高职院校中就有10所开设了此专业，此外，会计专业（含财务管理、税务）开设的院校数高达12所。

三、苏北五市新生代农民职业教育与休闲农业对接协同的现状

新生代农民有一大部分是当前在涉农高职院校求学的学生，只有把他们的理论与职业技能提高了，才能为乡村振兴注入一股强劲的力量。高职教育是培养技术技能型人才的重要渠道。之所以提出这样的命题，原因是经济（包括农村经济）的繁荣需要大量高素质、技术应用型人才，而高职教育是以培养知荣辱、懂技术、善经营的中国特色社会主义事业建设者为己任的。高职教育是通过培育高素质、高技能劳动者来实现它的经济与社会效益的。服务于生产、管理的高素质、高技能劳动者是需要企业作为平台来实现自我价值和社会价值的。这些因素决定了专门培育高素质应用型劳动者的高职院校需要与企业对接，形成协同创新的发展关系。这种关系的最佳结合形式就是校企合作。

据粗略统计，苏北五市每所高职院校与当地企业建立各类合作项目均超过50个，有些规模较大、专业设置广的高职院校拥有超过100个校企合作项目。如江苏建设职业技术学院，与企业合作建有各类实验和实训室193个，其中能容纳上百人实习实训的校企合作基地有10个，智能共享模拟实训平台5个。江苏财会职业学院发挥财经优势，重点在会计、电商、营销、物流等专业上下功夫，与企业联合开发实践课程32门，实时地将职业规范和资格标准融入课程教学，确保培养出来的劳动者是切合市场需要的。此外，还建有以京东产业学院为代表的3个产业学院和87个校外实训基地，但涉农的产教融合基地非常之少。

由于地方政府政策支持缺位、学校应用技术转化为现实生产力的能力弱等原因，企业对建立协同创新的合作关系积极性不高。校企合作形式单一、实训基地建设流于形式，往往也是企业不愿意与高职院校结成协同创新的发展关系的原因。因此，校企双方难以就对接协同创新达成一致，也就谈不上生成长效机制。

第三节　新生代农民职业教育与休闲农业对接协同创新实证分析

处于知识经济时代，职业教育对接休闲农业协同创新的关键必然是知识互动协同。这种知识互动协同实质就是知识在政府、企业、高职院校和学生四大主体之间转移、吸引、共享、利用和再创造的过程。

一、模型指标选取

本研究从诸多影响因素中遴选了以下六个主要因素作为研究的变量：

（1）新生代农民职业教育与休闲农业对接发展水平。这一变量可用 NPO 表示。

（2）高职院校对接休闲农业的参与意愿。这一变量可用涉农专业的招生人数来反映，高职院校涉农专业招生人数记作 NSE。

（3）休闲农业总产值。这一变量可用 AO 表示。

（4）企业参与意愿。可用企业给付涉农专业学生的年薪来反映企业参与职业教育对接休闲农业的参与意愿，用 AS 来表示。

（5）学生参与意愿。可用学生毕业后从事休闲农业的人数来反映学生参与意愿，用 NOE 来表示。

（6）政府及相关行政部门参与意愿。可用 SRF 来表示政府及其行政职能部门的意愿。

二、理论模型建构

研究中，NPO、NSE、AO、AS、NOE、SRF 分别代表新生代农民职业教育与休闲农业对接发展水平、高职院校涉农专业的招生人数、休闲农业总产值、从业人员薪资水平、职业院校毕业生参与休闲农业的人数、休闲农业从业人数和政府的投入。按实证分析的惯例，对上述六个指标取对数，以避免模型产生误差，取对数后分别记为 $\ln NPO$、$\ln NSE$、$\ln AO$、$\ln AS$、$\ln NOE$、$\ln SRF$，对上述六个变量的一阶差分分别用 $\Delta \ln NPO$、$\Delta \ln NSE$、$\Delta \ln AO$、$\Delta \ln AS$、$\Delta \ln NOE$、$\Delta \ln SRF$ 来表示。模型分析的其他操作都是在统计软件 Stata 14.0 中完成的。对六个变量指标取对数的优点就是自然对数变化不会对原始数据的协整关系产生任何影响，由此，可采用线性关系来消除异方差。鉴于此，建构如下模型：

$$\ln NPO_t = \beta_0 + \beta_1 \ln NSE_t + \beta_2 \ln AO_t + \beta_3 \ln AS_t + \beta_4 \ln NOE_t + \beta_5 \ln SRF_t + U_t \quad (1)$$

在（1）式中，反映休闲农业对接发展水平的指标 NPO_t 表示第 t 期休闲农业产品的产值；NSE_t 是衡量职业教育中涉农专业发展水平的标准，即为第 t 期职业教育涉农专业规模，可用招生数来表示；而第 t 期的休闲农业总产值记为 AO_t；休闲农业从业人员的薪资水平记为 AS_t，可用该产业人均年收入多少来表示；第 t 期休闲农业发展的规模记为 NOE_t，用休闲农业从业人数来表示；第 t 期政府对高职院校涉农专业建设的投入记为 SRF_t，可用涉农专业师资引进投入、教学设施投入和涉农科研经费的总和来表示；U_t 为随机误差项。

三、实证分析

实证研究是以苏北五市休闲农业的产值为主要研究对象，依据政府、高职院校、企业和涉农高职院校学生四大主体在职业教育对接休闲农业中所起的作用来建构时间序列模型，其目的是了解四大主体之间和四大主体在职业教育对接休闲农业中的协同创新关系是否存在。

（一）ADF检验

实证研究最怕出现伪回归，为了杜绝此类现象，本研究先对六个变量的相关数据进行单位根检验。在研究中发现：时间序列数据中有少数非平衡数据，需对数据进行 ADF 检验。假设 ADF 检验得出上述数据都是非平稳时间序列，为确保研究的正确性，需要对数据作技术处理，即将它们转换为平衡序列。

当前，国内学术界普遍采用差分方法来清除非平衡时间序列数据的单位根，得出平衡序列，具体见表7-4。

表7-4　各变量单位根检验

变量	检验类型 (C, T, K)	ADF统计量	1%水平	5%水平	10%水平	检验结果
lnNPO	$(C, T, 1)$	−2.767	−3.700	−2.900	−2.630	不平稳
ΔlnNPO	$(C, T, 3)$	−11.051	−3.750	−2.930	−2.780	平稳
lnNSE	$(C, T, 1)$	−1.143	−3.741	−2.900	−2.630	不平稳
ΔlnNSE	$(C, T, 3)$	−4.129	−3.832	−2.980	−2.540	平稳
lnAO	$(C, T, 1)$	−0.642	−3.550	−3.000	−2.630	不平稳
ΔlnAO	$(C, T, 3)$	−4.593	−3.560	−3.120	−2.740	平稳
lnAS	$(C, T, 1)$	−4.004	−3.750	−2.800	−2.630	平稳
ΔlnAS	$(C, T, 3)$	−0.666	−3.650	−3.100	−2.930	不平稳
lnNOE	$(C, T, 1)$	−2.398	−3.750	−2.800	−2.630	不平稳
ΔlnNOE	$(C, T, 3)$	−4.408	−3.650	−3.100	−2.930	平稳
lnSRF	$(C, T, 1)$	−7.805	−3.650	−3.000	−2.630	平稳

变量	检验类型 (C, T, K)	ADF统计量	1%水平	5%水平	10%水平	检验结果
$\Delta \ln SRF$	$(C, T, 3)$	−1.875	−3.672	−2.990	−2.540	不平稳

注：检验形式中，C 和 T 分别代表常数项和趋势项，K 是滞后阶数。

经检验发现：$\ln NPO$、$\ln NSE$、$\ln AO$、$\ln NOE$ 四个变量无法拒绝单位根原假设，由此可以断定它们不是时间序列，且也无法拒绝单位根原假设，又可断定它们是不平稳的时间序列。虽然它们是不平稳的时间序列，但它们的一阶差分 $\Delta \ln NPO$、$\Delta \ln NSE$、$\Delta \ln AO$、$\Delta \ln NOE$ 经检验显示平稳，由此可断定原始序列是一阶单整序列。

（二）协整检验

通过 ADF 检验得知时间序列的初始数据为一阶单整数序列，但不存在协整关系仍需作 Johansen 协整检验。严格遵照 SC 准则推定 $\ln NPO$、$\ln NSE$、$\ln AO$、$\ln AS$、$\ln NOE$、$\ln SRF$ 的最优滞后期是1，在此基础上，又采用相关检验对六个变量的拟合性进行检测，检测结果为拟合性良好且残差序列非常平稳。协整检验的具体结果见表7-5。从表7-5中的数据可知，$\ln NPO$ 和 $\ln NSE$、$\ln AO$、$\ln AS$、$\ln NOE$、$\ln SRF$ 在5%显著性水平上，六个变量之间有4个协整议程存在。

表7-5 六个变量协整检验结果

零假设：协整向量的个数	特征值	迹统计量	5%临界值	P值
0*	0.99748	199.7445	94.15	0.0000
至多1个	0.98747	120.9085	68.52	0.0003
至多2个*	0.96906	110.0603	47.21	0.0354
至多3个	0.80989	57.9257	29.53	0.0847
至多4个	0.73590	33.0233	15.41	0.2913
至多5个	0.50596	13.0517	3.76	0.4866
至多6个	0.15208	2.4746	1.23	0.3698

说明：*在5%显著性水平下拒绝原假设。

在全面考察六个变量之间的协整趋势的基础上建构协整方程（2）：

$$\ln NPO = 0.06 \ln NSE + 0.154 \ln AO - 0.459 \ln AS + 0.363 \ln NOE + 0.977 \ln SRF$$

$$(17.1623) \quad (6.8517) \quad (2.3567) \quad (1.3689) \quad (2.1616) \quad (2)$$

在（2）式中，在研究选取的 2012 年至 2019 年这个时间区间内，NPO、NSE、AO、AS、NOE、SRF 六个变量之间的均衡发展关系稳定。值得一提的是：原本认为休闲农业发展水平与休闲农业从业人员的薪资水平呈正相关，经检验，两者却呈显著的负相关。休闲农业发展水平与高职院校涉农专业招生人数、休闲农业总产值、休闲农业从业人员总数和政府（行政职能部门）发展高职教育投入之间存在显著的正相关。由此可以断定：高职院校涉农专业招生规模、休闲农业产值、从业人数和政府（行政职能部门）发展高职教育的投入对休闲农业发展具有促进作用。为了进一步检测它们对休闲农业发展能产生多大作用，可忽略从业人员的薪资水平。据此，对留下来的五个变量再做一次协整检验。检验结果详见表 7-6。从表 7-6 中可以看出：在 5% 显著性水平上，留下来的五个变量之间仅存两个协整方程。

表 7-6　五个变量协整检验结果

零假设：协整向量的个数	特征值	迹统计量	5%临界值	P值
0*	0.98569	104.6218	47.21493	0.0000
至多1个	0.97379	49.9987	40.17493	0.0003
至多2个*	0.77813	27.4136	13.68759	0.0354
至多3个	0.57667	14.5196	12.32090	0.0847
至多4个	0.52348	3.4099	4.129906	0.2913
至多5个	0.20286	7.3458	2.036476	0.4866

*说明:在 5% 显著性水平下拒绝原假设。

研究将五个变量之间的协整趋势作为一个重要指标来考察，并以此得出协整方程（3）：

$$\ln NPO = 0.079 \ln NSE + 0.172 \ln AO + 0.209 \ln NOE + 0.721 \ln SRF \quad (3)$$

$$(20.2586) \quad (7.6938) \quad (6.3697) \quad (3.3678)$$

在协整方程（3）中不难看出：$\ln NPO$、$\ln NSE$、$\ln AO$、$\ln NOE$ 和 $\ln SRF$ 之间的均衡发展关系稳定 [变量符号与方程（2）相同]。随后，再在 $\ln NPO$ 和 $\ln NSE$、$\ln AO$、$\ln NOE$ 之间进行协整检验，协整检验的结论又一次验证了它们之间存在协整关系（三变量的符号仍然不变）。

经过上述分析，我们可以确定休闲农业与高职教育发展水平之间具有长期均衡发展关系。

（三）误差修正模型分析

通过分析（2）式和（3）式的协整检验结果可以得出：$\ln NPO$、$\ln AS$、$\ln NOE$、$\ln SRF$ 之间存在长期均衡发展关系。可在此基础上建构一个误差修正模型以了解六个变量之间的短期动态关系。在建构的误差修正模型方程（4）中，误差修正项用 ε 表示，随机干扰项用 μ 表示。在显著性检验中，误差修正项系数没有通过检验，这说明误差修正项对 $\ln NPO$ 与 $\ln NSE$、$\ln AO$、$\ln AS$、$\ln NOE$、$\ln SRF$ 之间的长期均衡发展关系作用并不显著。也就是说，$\ln NSE$、$\ln AO$、$\ln AS$、$\ln NOE$ 和 $\ln SRF$ 在误差修正模型中的系数均不显著。由此可以看出：休闲农业总产值、休闲农业从业人员薪资水平、从业人数和政府投入对休闲农业经济并不会带来短期的增长。变量 $\ln NSE$ 的系数为 1.677，在 5% 水平下通过显著性检验，表明涉农专业招生人数会对休闲农业发展产生积极短期效应。

$$\Delta \ln NPO_t$$
$$= 0.045 + 0.701\Delta \ln NSE_t + 1.188\Delta \ln AO_{t-1} - 0.084\Delta \ln AS_{t-1} + 0.330\Delta \ln NOE_{t-1}$$
$$\qquad (1.677) \qquad\qquad (0.791) \qquad\qquad (-0.162) \qquad\qquad (0.317)$$
$$R^2 = 0.5014 \; Adusted = 0.4554 \; F - statistic$$
$$= 3.8209 \; Durbin - Wason \cdot stat \qquad\qquad (4)$$
$$= 1.8098 + 0.097\Delta \ln SRF_{t-1} + 0.027\varepsilon_{t-1} + \mu t$$
$$\qquad (0.531) \qquad\qquad (0.031)$$

五变量之间的协整检验结果也可以断定 $\ln NPO$、$\ln NSE$、$\ln AO$、$\ln NOE$、$\ln SRF$ 之间长期存在均衡发展关系，误差修正模型也能确定它们之间的短期动态关系，得到结果如下：

$$\Delta \ln NPO_t$$
$$= 0.055 + 0.821\Delta \ln NSE_{t-1} - 0.178\Delta \ln AO_{t-1} + 0.930\Delta \ln NOE_{t-1} + 0.717\Delta \ln SRF_{t-1}$$
$$（2.698）\qquad\qquad （0.891）\qquad\qquad （0.426）\qquad\qquad （0.658）$$

$$R^2 = 0.6327\ Adusted = 0.4667\ F-statistic$$
$$= 3.3944\ Durbin-Wason\cdot stat \qquad\qquad （5）$$
$$= 1.7671 + 0.035\varepsilon_{t-1} + \mu t$$

$$（0.012）$$

（5）式与（4）式一样，ε 表示误差修正项，随机干扰项用 μ 表示。通过对（5）式的分析得出：误差修正系数在显著性检验中未通过。其结果说明短期波动是与长期均衡偏离的，误差修正对长期均衡回归作用不显著。

在（5）式中可以看到，$\ln NSE$ 的系数为 0.821，$\ln NOE$ 的系数为 0.930，$\ln SRF$ 的系数为 0.717，且在 5% 水平上其显著性通过检验。这一结果说明职业教育对接休闲农业受高职院校涉农专业招生人数、从业人员薪资水平、政府投入的影响，它们之间的短期动态关系密切，且所有变量均共同作用于被解释变量 $\ln NPO$（职业教育与休闲农业对接水平）。在 5% 水平没有通过显著性检验的变量 $\ln AO$ 的系数为 -0.178，由于系数为负，说明休闲农业总产值与 $\ln NPO$ 成反比。

第四节　新生代农民职业教育与休闲农业
对接的建议与对策

本研究主要运用了 2012—2019 年官方公布的数据和研究者收集的相关数据，在进行单位根检验和协整检验后，建构误差修正模型。以苏北五市新生代农民职业教育与休闲农业对接发展水平和职业教育发展规模（以涉农专业招生人数来衡量）、休闲农业总产值、休闲农业从业人员的薪资水平、政府各种经费投入做实证分析。从实证检验结果可知，苏北五市的新生代农民职业教育对接休闲农业发展水平与职业教育发展规模、休闲农业总产值、休闲农业从业人数、政府各类经费投入之间存在均衡关系且相当稳定。但与休闲农业从业人员的薪资水平的关系是负相关，由此可以断定苏北五市休闲农业仍处于劳动密集型发展阶段。也就是说，苏北五市休闲农业要想高质量发展，需要将其结构由劳动密集型结构向技术密集型结构转化。

一、地方政府应做好职业教育与产业对接的统筹布局并加大投入

苏北五市在省委、省政府的指导下，已经初步建成以政府、高职院校、企业和学生为一体的协同创新模式，不同主体基于自身要求在协同创新模式中自主运行。从政策层面上，需要着手做好统筹布局，发挥苏北的地理优势，专注现代农业发展。同时通过出台政策引导苏北职业教育发展方向。苏北五市政府要认真调研、因地制宜建设能对接本地产业的高等职业教育。

为了提高就业率和增加休闲农业产值，切实提高人民生活水平，苏北五市政府应当积极参与到职业教育与休闲农业协同创新中来。政府积极参与主要体现在加大对高职教育的投入和对休闲农业的发展给予政策与资金上的支持。换句话说，要想留住本地人才和吸引外地人才，地方政府就需要"搭好台"，建好配套设施，让人才有用武之地，能施展自己的才干，实现自我价值和社会价值。

二、涉农企业应主动参与高职院校专业建设和人才培养实务

职业教育对接休闲农业协同创新的重要一环是涉农企业，这些企业应审时度势，积极发挥其主体作用，主动参与到高职院校的专业建设和人才培养实务中来。有企业参与专业建设和人才培养的高职教育，培养目标具有针对性，培养出来的人才一定是企业需要的人才。此外还可以避免教育资源的浪费。涉农企业应与高职院校、政府和毕业后就业的学生推行按生产要素分配方式来分配收益。企业要明确自己的主体地位，不能"等"，而应主动地与政府、高职院校和学生接触，向政府要优惠政策，向高职院校要人才，向就业的学生要效率。

三、高职院校人才培养规模要迎合休闲农业发展的需求

高职院校服务于产业发展是第一要务，这就决定了苏北五市职业教育的人才培养规模对职业教育对接休闲农业发展具有正向促进作用，与此同时，高职院校还要与政府、企业和学生保持高质量的协同创新，以确保对接休闲农业动能持续稳定。高职院校的涉农专业人才培养规模不是由自己单独决定的，而是四个主体共同决策的结果，即高职院校确定培养规模要以政府的大政方针为指导，与企业共同展开调研得出人才需求结构，还要不断跟踪毕业生的就业情况，最终确定培养规模。盲目地扩大招生规模和减少招生规模都是无益于休闲农业发展的。

四、学生要明确自我认知，提升自身的价值

学生作为职业教育对接休闲农业的纽带，需要对自己有一个明确的认知，以便最大限度地提升自身价值。职业教育协同创新的主要内容是与产业发展对接，而学生是对接的关键抓手。事实证明，学生选择就读哪所学校、学什么专业、毕业后选择哪家企业，均离不开薪资目标驱动。学生应该清醒地认识到在职业教育对接休闲农业协同创新中，自己是最为关键的一环，因此要对自己的主体地位有明确的认知，这是学生发挥积极主动性的前提，也是最大限度地提升自身价值的保障。

第八章　新生代农民职业教育供给的路径选择

　　要让更多的新生代农民接触现代职业教育，就需要增强现代职业教育的吸引力。其中现代职业教育的顶层设计与政策制度是关键，也是增强现代职业教育对新生代农民吸引力的重要抓手。在整个职业教育体系中，农民职业教育的地位并没有得到切实落实，相关制度和政策都是套用其他职业教育现行的制度与政策，专门针对农民职业教育的制度与政策并不健全。这就需要各地政府认真调研当年的农业发展特色和发展休闲农业的条件，制定与市场经济、行业企业等经济实体协同创新的保障制度与激励政策。在这些制度与政策的支持下，新生代农民职业教育就一定能在乡村振兴中大放异彩。在制度与政策创新驱动下，现代农民职业教育一定能持续提高对新生代农民的吸引力，有效地推动农民职业教育供给侧创新改革，为中国特色社会主义现代化建设提供技术与智能保障。

第一节　增加经费投入，巩固增长机制

　　实践证明，经济持续健康发展离不开技术技能人才的智力支持，这就决定了政府要向职业技术教育提供坚实的经费保障。《国务院关于加快发展现代职业教育的决定》中要求中央和地方政府要不断完善职教经费投入机制，同时还要健全全社会力量共同参与职教的激励政策，以此来

提升职业教育发展保障水平。党的十八大以来，中央政府和地方政府建立并完善职业院校生均拨款制度、专项拨款机制，逐步加大了对职业教育发展经费的投入力度，已经形成了一套运行高效的职业教育经费投入机制。

2014年，财政部和教育部联合印发了《关于建立完善以改革和绩效为导向的生均拨款制度 加快发展现代高等职业教育的意见》。根据该文件精神，国家财政采取综合奖补、专项督导等举措积极引导和推动职业院校生均拨款制度的完善，为现代职业教育高质量发展奠定了经费保障基础。

一、拓宽经费开源渠道

现代职业教育体系的健康运行能为经济发展提供持续的智力支持，但它的健康运行离不开稳定增长的财政投入机制，因此，建立健全发展现代职业教育相关的财政政策是我国教育财政体制建设的一项重要工作。就目前现状而言，我国的职业教育经费来源相对单一，职业教育自筹发展经费的审批手续也比较繁琐。为了方便职业院校自筹经费，国家应尽快出台有关自筹经费的激励政策，简化审批程序。因为在国家无法短时间内提供职业教育经费的情况下，采用自筹经费是一个不错的替代办法。除在国家层面进行改革之外，各地政府也要根据辖区里的职业教育发展情况完善筹措职业教育经费的机制。在推行过程中，要严格执行国务院有关教育附加费使用比例的规定，对那些积极向职业院校捐赠的单位和个人要实行优惠税收政策，同时还应给予捐赠者一定的选择权。早在1999年，辽宁省就开始推行征收地方教育税，到了2011年，辽宁省政府根据未来经济与社会发展需要，在大力完善筹措职业教育发展资金的行动中调整更新了地方教育税的标准，政策中明确表述：从2012年2月1日开始，辽宁省缴纳三税（即增值税、营业税和消费税）的所有单位与个人，按2%的缴税比例缴纳地方教育税[1]。

---

① 葛晶.浅析拓宽辽宁省高等职业教育经费来源渠道[J].辽宁经济,2012(8):90-91.

二、提高生均拨款比例

随着现代职业教育快速发展在我国经济与社会领域中的成效日趋明显，同时考虑到物价上涨等因素，国家制定的职业教育生均财政投入标准、职业院校设施设备配备标准、重点发展项目投入标准等需要调整。我们不能一味地追求经费投入量的增长，更要重视经费使用质的保障，不能浪费职业教育经费中的一分钱。

根据国家财政对职业教育的实际投入与职业教育发展的现实需求之间的拨款差额进一步调整职业教育经费筹措和专项投入政策。职业院校生均经费国家指导标准要适时提高，各地中职和高职院校的生均经费做到不低于普通高中和普通本科院校的标准。在专项投入标准提高的基础上，要确保职业院校实验实训基地教育设施的更新与维护。

江苏是教育大省，也是职业教育大省，现有中职学校198所、高职院校90所，在校生约146.5万人；江苏参加全国职业院校技能大赛实现"十一连冠"，参加全国教学能力大赛实现"九连冠"；在最近两届职业教育国家级教学成果奖评选中，江苏获奖总数均居全国第一；江苏职业教育每年向社会输送约50万名技术技能人才，全省现有高技能人才455万人，规模保持全国领先[1]……"十三五"以来，江苏职业教育发展交出了漂亮的成绩单。这组数据的背后是省财政投入36亿元专项资金，推出多项有力举措，为江苏职业教育发展注入强劲动力。

"十三五"以来，江苏省不断健全投入机制，遵循职业教育规律，支持产教融合、校企合作，职业教育服务产业发展的能力进一步提升。职业教育与普通教育虽是两种不同教育类型，但具有同等重要地位。在生均财政拨款经费方面，2020年，全省中等职业学校生均财政拨款经费苏南地区不低于10000元、苏中地区不低于8000元、苏北地区不低于7000元，中等职业学校生均财政公用经费为普通高中的1.5倍，高等职业院校

---

[1] 海事科技服务云平台.探路本科层次职业教育！"十四五"江苏职教聚力"高质量"[EB/OL].http://kjc.jmi.edu.cn/07/66/c2752a67430/page.htm.

生均财政拨款基本定额标准提高到与普通本科同等标准。同时，省财政厅进一步优化财政生均拨款制度，实行财政性经费与办学绩效、教育质量、本地就业率等因素挂钩的拨款方式。

三、加大重点项目财政投入

对于现代职业教育重点项目，要加大扶持力度，进一步提高这些项目服务于经济社会发展的效能。加大现代职业教育重点项目经费的投入标准是充分发挥重点项目在经济与社会发展中的作用的有力保障。确定重点项目财政投入标准应紧盯相关领域发展态势，并对未来经济与社会发展的人才需求进行科学预判，同时还要权衡国家财政投入与筹措经费投入之间的比例。

在重点项目财政投入比例确定上，财政部和教育部制定并颁布了《现代职业教育质量提升计划专项资金管理办法》，该办法出台的目的就是规范和加强现代职业教育质量提升计划专项资金管理，提高这些经费的使用效益。该办法中指出：专项资金管理遵循"中央引导、省级统筹，科学规划、合理安排，责任清晰、规范管理，专款专用、注重实效"的原则。专项资金由财政部、教育部根据党中央、国务院有关决策部署和职业教育改革发展工作重点确定支持内容。

在财政部和教育部的指导下，江苏省加大职教重点项目投入的经验值得推广。为了让更多高素质技术技能人才从江苏的职业院校中走出来，省财政支持实施中等职业学校"领航计划"，支持创建50所左右扎根江苏、引领全国、世界一流水平的中等职业学校；深化五年制高职办学改革，突出中高职一体化办学优势，彰显办学特色；实施高等职业教育创新发展卓越计划，重点建设8所江苏省卓越高职院校和22所高水平高职院校；出台专项激励政策，建设10所特色鲜明、示范引领的应用型本科院校。

为了推进职业教育高质量发展，江苏省出台了《职业教育校企合作促进条例》。该条例的第五条规定，县级以上地方人民政府应当加强对职业教育工作的领导、统筹协调和督导评估，将促进职业教育校企合作纳入国民经济和社会发展规划以及产业发展规划。县级以上地方人民政府职业教育联席会议应当及时研究和协调解决职业教育校企合作工作中的重大问题。职业教育联席会议由教育、人力资源社会保障、发展改革、工业和信息化、财政、农业农村、国有资产监督管理、税务等有关行政部门和工会、行业组织组成。

为了充分发挥企业参与职业教育发展的主体责任，推进大中型企业与职业院校开展深度合作，江苏省还出台《"产教融合型企业"认定和管理办法》，该办法规定：每年认定100家左右省级"产教融合型企业"，给予"金融+财政+土地+信用"的组合式激励，并按规定落实相关税收政策。

第二节　共创智能生态的现代职业教育精准供需平台

我国教育供给侧改革已经在全国范围拉开，职业教育从以前的边缘化转变为现在的"回归"原位。职业教育供给内容极大丰富，形式日趋多元化，满足了不同农民的需要。大家已经开始认同现代职业教育，在广大农村，有不少学生家长"艺多不压身"的观念日益形成。提供职业教育供给的职业院校也开始调整自己的办学定位，均是以教育服务提供者的视角看待人们职业教育的需求。在职业院校中，学习者可以按需选择自己要学习的课程。在未来一定时期，职业教育供给还将会朝着高端定制的方向发展。因此，完善教育供给相关政策、制度和法规，对于未来加大职业教育供给相当必要。

一、改革职业院校和社会培训的招生制度

1999年，我国为了满足人们对高等教育的迫切需求，逐年扩大高等教育的招生规模，由1998年的毛入学率9.8%上升到2020年的54.4%。预计将在"十四五"期间突破60%，由此，我国高等教育已经实现了由精

英教育向大众教育的转型。有志青年怀揣着梦想踏入大学校园，他们期望通过高等教育来改变命运，期望通过高等教育获得均等的发展机会。从表面来看，扩大高等教育招生，能让更多孩子进入大学，接受高等教育，可以促进教育机会均等、提高人力资本产出、调节教育结构。从教育产出视角来看，扩招有可能导致高等教育人力资本产出的降低。

（一）控制高等教育的招生规模，确保高等教育的培养质量

在我国经济与社会高速发展和产业结构逐渐转型的大环境下，经济转型和产业结构调整创造出不少管理类岗位和技术类岗位，这使得我国职业和岗位结构有了新变化，对于生活在这个时代的人们来说，是一大福祉。这些职业和岗位不仅仅是被受过高等教育的人群获得，也被接受过系统高等职业教育的人群获得，他们通过这些岗位对我国经济与社会高速发展做出重要贡献，同时也会获得丰厚的经济回报和良好的社会地位。

（二）避免高中复读现象，确保职业院校的招生规模

有学生，学校才能发展。当前，沿海和中部地区有条件的省份开始推行限制初中毕业生和高中毕业生复读名额，甚至有些地方已经完全禁止初中毕业生和高中毕业生复读，从而引导没有录取普通高中的初中毕业生进入中等职业技术学校继续学习，未被普通高校录取的高中毕业生进入高职院校继续深造，这样可以避免在经济与社会发展中有些职业和岗位无人可用。

（三）要明晰现代职业教育体系，突出现代职业教育的地位

随着职业教育改革不断向纵深发展，我国现代职业教育体系逐渐清晰，在整个教育体系中的地位也越来越重要。现代职业教育也得到广大家长和学生的认可，在培养数以亿计的高素质技术应用型人才方面发挥着重要作用。在政策的引导下，高等教育盲目"热"已经消退，与此同

时，人的全面发展和可持续发展已经走到前台，尤其终身教育理念已被家长和学生普遍接纳。此时，学校一次性教育已经不能满足人们工作与生活的需求，直面当今社会，人们需要一个模式灵活、内容前沿、不受时空限制的学习空间。现代职业教育应顺应人们的学习需求，打开大门，走向社会，通过精品在线课程的形式输出知识，让社会上有志于再学习的人有内容可学，有渠道去学。

二、加快建设现代职业教育"互联网+"供给平台

网络教育最大的优势就在于能打破学习的时空限制，人们可以根据自己的具体情况随时随地学习。网络技术已经朝着智能化的发展方向迈进，其标志性事件就是世界互联网大会将2016年定为人工智能元年，这是互联网信息技术发展中的一件具里程碑意义的大事。联合国教科文组织继发布《学会生存：教育世界的今天和明天》和《教育：财富蕴藏其中》两份影响全球教育界的重要报告之后，再次出重拳，发布了《反思教育：向"全球共同利益"的理念转变》。这份报告之所以如此引人注目，是因为联合国教科文组织在这份报告中重新对知识、学习和教育进行了定义，对基于互联网的学习模式、教育机会和未来的可能作了慎重的定位。从某种意义上讲，世界各国对教育目的有了新的认知，也就是说，教育目的不能仅停留在自我价值追求上，更不能有趋功近利的倾向，而是要服务于人性价值追求和社会的持续发展，营造宽容的教育环境，同时还要对多元化的人才有更多的理解。

互联网信息技术可以将教育目的的深度和广度进一步拉伸，以发展思维打破教育原生态，建立一个适应当前教育供给侧改革的新环境，并为现代职业教育优质资源供给提供可能。

数字化的职业教育资源是大数据时代职业教育的核心要素，要将这一核心要素传递到每一位热爱学习的新生代农民手中，需要加快职业教育信息网络平台的建设，以平台为基础分门别类开发职业教育资源，上传到平台实现职业教育资源远程共享。学习者可以根据教育形式、内容、

时间和空间的不同任意选择自己要学习的资源进行学习。

鉴于现代职业教育发展的需要，教育部发布了《教育部关于加快推进职业教育信息化发展的意见》，要求各省、自治区和直辖市要尽快建立现代职业教育各类资源综合开发机制，这样才能有效地配置和优化资源，重新定义资源分配标准，确保现代职业教育为经济与社会发展服务。随着资源共享意识进一步深入，未来创新资源共享会由校际共享发展到校企共享，最终覆盖全社会，尤其是广大农村地区。

为了营造"共享学习型"社会，应当有计划、分步骤地推进校际、校企间、行业间、企业间、行校企间的资源共享，充分调动各主体参与职业教育资源共享的积极性，实现各主体间平台的互通互联。

（一）建设背景

现代职业教育信息化要多层次、多渠道实现职业教育资源跨区域、跨行业、跨机构共享，这是现代职业教育发展的方向。职业教育应走出校园，融入社会，让社会中有意向学习职业技术知识与技能的人随时随地可以找到可学习的资源。要达到这样的效果，需从以下三个方面着手：一是要提升职业院校数字化校园建设水平，统一全国各职业院校数字化校园建设的标准，这样可以保证校际无障碍地进行资源共享。与此同时，还要在数字化校园建设的质量上下功夫，在硬软件上加快推进职业教育水平的提升。二是要提高职业院校教师利用信息技术的能力。建好的数字化校园，如果没人使用，或是使用效率不高，既是一种资源的浪费，也是一种对职业教育发展不负责任的行为。因此，职业院校应将互联网技术能力考核纳入师资建设范畴，并建立信息技术应用资格认证体系。三是要加速建设国家现代职业教育体系大数据资源库和支持资源应用的数字化平台。学习者进入平台后，可以通过知识搜索引擎检索自己想学习的内容。集全国数据和智库于一体的平台建成后，职业教育资源共享就可惠及全体热爱学习的人。

1.职业教育供侧改革需要从国家层面搭建"互联网+"平台

为顺应现代经济与社会发展的趋势，国务院早在2015年7月4日就颁布了《积极推进"互联网+"行动的指导意见》，其中明确提出：到2025年，网络化、智能化、服务化、协同化的"互联网+"产业生态体系基本完善，"互联网+"新经济形态初步形成，"互联网+"成为经济与社会创新发展的重要驱动力量。

2015年底，第二届世界互联网大会的主题是"互联互通·共享共治——构建网络空间命运共同体"，国家主席习近平出席开幕式并发表主旨演讲。他在演讲中强调：要让互联网发展成果惠及13亿多中国人民，更好造福各国人民。

2016年4月19日，习近平总书记在网络安全和信息化工作座谈会上发表重要讲话。他在讲话中指出，网信事业代表着新的生产力、新的发展方向，应该也能够在践行新发展理念上先行一步。我国实施"互联网+"行动计划，带动全社会兴起了创新创业热潮，信息经济在我国国内生产总值中的占比不断攀升。

预计到2030年，我国将在人工智能理论、技术和应用等领域达到国际领先水平。这就意味着职业教育也要紧跟人工智能技术应用步伐，以互联网基础平台建设为高质量发展的突破口，争取实现跨校际、跨行业、跨区域的资源共享，从而系统地推动职业教育创新发展。21世纪教育发展的又一趋势是智能教育，作为智能服务型社会构建的重要组成部分，它能有效地为广大学习者提供优质的教育资源，同时还能精准地为学习者提供各类服务，为终身学习、个性化学习提供快捷方便的路径服务。

2.经济与社会新常态创新驱动需要现代职业教育"互联网+"平台

随着我国经济发展进入常态化，经济发展强调高质量发展，而作为为经济与社会发展培养高素质的技术应用型人才的职业教育明显存在吸引力不足、竞争力不强的问题。在中高速经济发展的态势下，在新时期表现不明显和一些还未来得及显露的问题在进入新时代之后也逐渐清晰地显露出来。在经济增长速度慢、产业转型并调整升级、宏观政策控力增强的背景下，需要职业教育加速培育更多、更优质的技术应用型人才，使其成为现代经济高质量发展、产业转型升级、结构优化增效的新动力，尽快实现由要素驱动和投资规模驱动转向以创新驱动为主。从这个意义上来看，经济与社会新常态创新驱动需要加强现代职业教育"互联网+"平台建设。

当前，国际格局存在不确定因素的地方越来越多，国际与国内竞争形势更为严峻，为争取更广阔的发展空间，需要趁早向创新型国家转型。自从2014年李克强同志提出要"大众创业、万众创新"以来，创新创业已在中国遍地开花，不仅扩大了就业，同时还大大提高了居民收入水平。

在"双创"大潮和互联网智能化的大力驱动下，商业创新和产品创新成为首轮创新大潮中的主流，对我国经济与社会发展发挥了重要作用。在下一个周期内，创新的重心会逐渐转变到产品服务升级上来。这就需要大量有想象力、有创新意识的人才来驱动这一事业，职业教育理应成为培育这类人才的排头兵。

现代职业教育既迎来了机会，又迎来了挑战，要提升职业教育的吸引力和竞争力，就要抓紧落实创新型人才培育，尽快适应现在智能化社会发展需要，着力搭建与现代职业教育智能匹配的"互联网+"平台，尊重人才多样性，实现从"就业导向"向"效果导向"的转变。

（二）思维转变

"互联网+"最大的特征就是跨界，强调知识与技能的横向联通，从而让每个社会个体都能适应多个岗位的知识与能力。目前，"互联网+"的模式已经彻底渗透到人们生活的方方面面，虽然社会上有很多人并未完全改变传统的思维模式，但"互联网+"的思维正在无形中影响着人们发现问题、思考问题和解决问题的方式，而学术界对"互联网思维"的定义与分类还没有达成共识。目前较有代表性的观点是将"互联网思维"定义为在传统技术媒体转型升级的视野下要有用户、极致、迭代、开放、扁平的思维模式[①]。随着"互联网+"在经济与社会生活中不断深入，商业价值在这种新型思维的渗透也越来越深，所以，在互联网思维的含义中又加入了技术创新、竞争意识、规模效应和用户体验[②]。商业价值在互联网思维中得到了进一步巩固，这时，互联网思维进一步分化为互联网精神、互联网理念和互联网经济，最后智能化动能也嵌入其中[③]。

任何一件新生事物都需要一个社会化的过程。互联网思维在社会化过程中不断演化，最终被各界认同为智慧化、社会网络化、低成本差异化和资源分享的新型思维模式[④]。从人类思考方式的角度来看，互联网思维之所以能被青年朋友追捧，主要是因为它具有便捷、表达、免费、数据思维和用户体验五大功能[⑤]。当互联网作为一项技术日益成熟之后，与之相适应的互联网思维就成为一种新的思潮，在各大企业中广泛应用。比如小米公司的雷军在创业过程中就逐步形成了互联网思维，他的七字口诀即专注、极致、口碑、快。腾讯公司的马化腾也在长期创业与发展过程中总结了适用于互联网公司创业的七条建议，即连接一切、互联网+传统行业=创新、开放式协作、消费者参与决策、大数据资源、顺应潮流、连接有风险。

（三）平台创新

现代职业教育"互联网+"平台创新应将广大农民和未来农民的学习水平考虑进去，虽然手机智能化让学习平台操作更为简便，但很多农民参与学习互动的能力有限。在职业教育"互联网+"平台构建中一定要与

---

① 张英军,贾岳.以互联网思维推进媒体实质性融合发展[J].中国记者,2014(7)：18-20.

② 潘国刚,郭毅."互联网思维"产生的原因和特征研究[J].互联网天地,2014(5)：44-46.

③ 李海舰,田跃新,李文杰.互联网思维与传统企业再造[J].中国工业经济,2014(10)：135-146.

④ 姜奇平.什么是互联网思维[J].互联网周刊,2014(9)：70-71.

⑤ 魏玉山.互联网思维辩证谈[J].出版广角,2014(13)：4.

强调职业教育内部要素互联，外部要素延伸要与第一、第二、第三产业互联，这样才能保证现代职业教育"互联网+"子平台能为产业发展注入鲜活而有力的智力支撑。

切合学习型社会的现代职业教育"互联网+"平台是以教育服务供给手段存在的，要突出服务的高质与高效、快捷与便利。一般来说，可由用户平台、职位平台、课程平台、效果平台、反馈平台、管理平台构成，为广大社会学习者和在校学生提供教育资源服务。

1.用户平台

网络资源用户的思维正在改变，改变的主要特点是用户思维、流量思维、社会化思维。因此，传统意义上的职业教育已经不再适应当前经济与社会发展的需要，而是要面向社会所有学习者，尤其是在乡村振兴战略全力向纵深推进的现在，更要将农民以及未来农民纳入其中，为他们以后从事农业生产储备知识与技能。除了要考虑农民接受教育的需求之外，城市居民、行业企业有关人员也应纳入用户平台。要彻底改变职业教育"互联网+"平台的用户只为毕业生对接工作岗位的现状，让现代职业教育"互联网+"平台成为有助于各类人员提升专业技术技能知识的促进者。

首先，要建设的现代职业教育"互联网+"平台一定是要面向全体社会成员的①。它不受年龄、身份、学历、行业、地域等条件的限制，只要有学习意愿的社会学习者，凭身份证号就能登录平台，选择自己需要学习的内容。

早在2015年12月，在乌镇举行的第二届世界互联网大会就公布了我国已经拥有超过6.68亿的网民，互联网已经覆盖全国全部城市、乡镇和93.5%行政村。据新华社2022年9月1日报道：8月31日，中国互联网络信息中心第50次发布《中国互联网络发展状况统计报告》，该报告数据显示，截至2022年6月，我国网民规模已发展到10.51亿，互联网普及率达74.4%，短视频的用户规模增速最快，已达9.62亿，占网民总数的

① 黄尧.职业教育学:原理与应用[M].北京:高等教育出版社,2009:54.

91.5%。由于我国互联网普及率高，网络基础设施建设迅速，因此，现代职业教育"互联网+"平台是可以最大规模实现资源共享的。

其次，要建设的现代职业教育"互联网+"平台一定是充分体现企业、行业主体地位，要让现代职业教育"互联网+"平台有效提高企业、行业参与职业教育的积极性，让企业作为用户平台的一大主体来建设，让新兴的专业更好地服务乡村振兴，为我国产业结构优化注入新鲜的血液，为乡村振兴做出突出贡献。最为关键的是新兴行业兴起需要现代信息技术的成熟与发展，更需要其他行业的融入与参与。

最后，要建设的现代职业教育"互联网+"用户平台一定是要充分展现我国先进产业技术水平的，同时还要兼顾发挥民族传统技艺传承。现代职业教育"互联网+"平台建设要充分考虑技术知识应用和个人与团队研发的成果转化，对一些濒临失传的传统民间独特工艺技能，平台应该努力传承。

2. 职位平台

网络技术之所以被广大职业教育工作者追捧，其原因之一就是它具有强大的虚拟仿真功能，它可以通过职位要求的设定在虚拟空间里充分发展简约思维和极致思维，也就是说，它是对传统的工作职位分类的革新。通过职位平台，可以打破工作职位以横向与纵向为标准的分类，进而以"互联网思维"对各类工作职位进行产业领域、行为性质、职业发展上升通道等方面的分类，职位平台的另一大职能就是可以对职位要求、专业拓展进行清晰定位，让人职匹配在最短时间内完成。

首先，在职位平台上各用人单位要诚信发布用人信息，切忌发布虚假信息。在现代职业教育"互联网+"职位平台上，企业可以实时了解平台中学习者的学习成绩，通过人职匹配功能，以最快的速度找到本单位需要的人才，且这样找到的人才可以在短时间内适应相应职位的工作。教育行政部门有责任、有义务融入市场经济，建立切合中国人才市场的数据库，以服务于国有企业、合资企业、独资企业、私营企业等，根据他们用人的具体要求，结合职业院校各专业人才培养的现状进行职位匹配、专业迭代和内容革新。

其次，职位平台要便于用户综合检索，可以智能匹配。在设计时，要以三大产业为基本分类，根据产业性质为若干相关行业企业的职位需要进行详细说明。在说明中必须明确指出，求职者无须符合全部要求，达到70%～80%的条件要求即可录用，不符合要求的是留给用人单位塑造的空间。

最后，职位平台要以互联网为基础，利用现代信息技术与各行业互联互通。只有这样才能精准快捷地对接用人单位、培养单位和求职者，增进用人单位和培养单位的互动，实现培养单位与用人单位在人才规格上的"零"对接。

3. 课程平台

课程平台是供农民选择学习资源的广场，它既要用作高职院校培育未来农民的平行教学资源，还要照顾到社会学习者的学习需要，尤其是那些有志于从事农业的城市和农村居民。课程平台的学习资源开发既要密切瞄准用户平台，全面了解学习者的学习要求，同时还要对接职位平台，知晓用人单位的用人要求。课程平台应具备利用大数据分析精准地将相关课程推送给对该课程感兴趣的用户的功能，同时还应具备根据学习者学业成绩和职业兴趣精准地将学习者推送给用人单位的功能。

现在要搭建的课程平台，不仅仅是单纯的课程资源的收纳箱，还是课程资源的综合配送站。课程平台应是一个能满足不同类型用户需求的智能储备平台。随着信息技术的不断发展和应用普及，现代职业教育中的课程革新要紧跟时代、紧跟市场，给课程资源开发注入课程思政元素，鼓励学习者做到"四个自信"。

现代职业院校应是开放的，应打破校园围墙的束缚，借现代信息技术，打通学校和社会两个世界，这就需要建立高度智能化的课程平台来连通各类用户。现代职业教育是社会化程度比较高的教育类型，尤其是在乡村振兴战略背景下，更要立足于我国农村经济常态发展的现实需要，输送更多更好的技术应用型人才。

传统教学在培育技术应用型人才方面不能实时地与市场经济对接，培育出来的人才与人才市场实际需求或多或少存在差距，而现代职业教育"互联网+"平台中的课程平台应在主动发掘社会资源的同时，将各类有助于技术应用型人才培养的社会资源纳入职业教育课程体系，以实现"共赢、共创"，让学习者在课程平台获得个性化学习体验①。

4.效果平台

效果平台建设是基于传统职业教育目标的缺陷和不足进行的革新。职业教育目标必须走在市场经济发展的前头才可以实现对未来人才的提前培养，这样也可以有效地打破市场经济发展的人才困境。效果平台的职能应定位于总揽新时代经济发展常态化产业转型升级的新要求、新业态和新风貌，具体反映的是我国行业和企业对技术应用型人才需求的未来预期，展现的是现代职业教育服务未来生产的成效。

首先，我国各项事业都进入了新常态发展时期，经济增长放缓，改革开放向纵深推进，现代职业教育也遇到了新的瓶颈问题。技术应用型人才的需求标准也因高质量发展的需要越来越高。当前，我国技术应用型人才需求效果体系正逐步建立，一些刺激性政策隐藏的风险也慢慢暴露出来，这就需要在效果平台上设置能监控风险和矛盾因素的板块。

其次，经济发展主体发展经历了迭代阶段，不同阶段对人才需要的规格是不相同的。一般来说，经济主体（主要是指企业）大致会经历初创期、成长期、稳定期、持续发展期和衰退期。在互联网技术应用全面普及的前提下，国家政策对大学生创业的激励与支持达到空前的水平，创业型企业如雨后春笋一样在全国遍地开花。在这种大环境下，帮助新生代农民在互联网时代创新创业就成了农民职业教育的主要任务。在这个企业快速迭代的时代，服务于新生代农民的职业教育一定要转变以往的固有思维，要从职业教育传统职能开始转变，由被动地被用人单位驱动着向前走转变为主动预测并培育未来用人单位需要的人才。在经济与

---

① 姜强,赵蔚,李松,等.个性化自适应学习研究:大数据时代数字化学习的新常态[J].中国电化教育,2016(2):25-32.

社会发展稳中求进的关键时期，职业教育应积极参与产业结构转型升级，以培养复合型技术应用型人才为己任，将培育的人才与企业发展不同阶段的人才进行快速匹配，以此种模式保持职业教育在教育体系中的适度领先。

最后，信息时代学习者认知迭代正在加速，职业教育应快速适应学习者的认知风格，同时引导学习者提前参与模拟的经济与社会生活。这样能让学习者对经济与社会有一个初步认识，以提高学习者对真实的经济与社会生活的适应度。

"互联网+"效果平台的设计要以真实直观的知觉效果来引导学习者对技术应用和知识把握有一个初步认识，以此来激发学习者对专业知识与技能的学习动力和兴趣，提高"互联网+"平台学习的效率。

三、智能生态是农民职业教育体系最新的价值取向

有学者提出，提高了农民的职业意识和职业能力，中国的"三农"问题就解决了一半。驱动农民职业教育发展，一定要利用互联网技术传播当前最为重要的农业技术成果，让这些成果快速转化为现实生产力，并以此来转变当代农民的生活、生产和思维方式，突破传统农民职业教育的限制，将农民职业教育延展到教育产业链和农业产业链上，形成现代农民职业教育模式的多元化。互联网的一大优势就是能虚拟真实情境，把人与人、物与物、人与物等一切事物联系在一起，在互联网上实现双向互动或是多边沟通，模拟多方协作共同完成一件事。将这一优势融入农民职业教育领域，就能实现职业教育组织结构、价值转变、发展提升上的迭代，让现代农民职业教育真正为乡村振兴出力。与此同时，农民职业教育体系也要基于互联网突出智能生态的特色。

互联网技术与农民职业教育紧密结合主要表现在线上课堂教学、线上实训模拟仿真等领域，并引导现代农民职业教育向标准化示范中心和规模化资源共享库的方向发展。现代农民职业教育要与农业产业结构对接，与经济生活中的行业、企业紧密相连，以互联网为基础，借助于职

业院校的课程与教学方面的优势，实现对广大农民的全覆盖。

早在 2017 年 7 月，国务院印发的《新一代人工智能发展规划》中就明确指出：到 2030 年人工智能理论、技术与应用总体达到世界领先水平，成为世界主要人工智能创新中心。智能经济、智能社会取得明显成效，为跻身创新型国家前列和经济强国奠定重要基础。

（一）网络赋能

网络的力量被人类所知并应用于现实可以追溯到 20 世纪 50 年代，最早只是在军事上应用。而真正意义上的网络赋能（Network Enabled）研究与应用是在 20 世纪 90 年代。

如今网络的力量已经应用到各个领域，农民职业教育体系要借助网络提供潜能，通过强化自身技术和技能建设，最大化将网络优势转化为提升农民综合素质的驱动力。

随着互联网智能化程度越来越高，我们要将农民职业教育平台打造成为集信息、文化、知识、价值观于一体的公众存储平台，这种类型的平台可以作为"公共产品"为广大农民提供赋能服务。

现代农民职业教育体系智能生态发展的技术基础是网络平台，这也是网络赋能的推进路径。需要明确的是，智能生态不会再推送给广大农民或其他学习者不匹配的技术技能，而是可以利用大数据技术智能匹配推送给农民或其他学习者感兴趣的课程，以提高农民或其他学习者的学习效率。

现代农民职业教育供给平台是基于网络的资源共享平台，因此，提高农民或其他学习者获取资源的能力是前提，要让每一位农民和其他学习者进入平台后会操作是平台界面设计的关键。当前，随着智能手机的全面普及，农民基于手机客户端的操作技能有了巨大提升，这为农民职业教育供给平台开发提供了前提条件，也为农民职业教育平台的智能生态提供了强大的创造力，为实现连通相关事物、无障碍协同、高效率运转提供了可能。

（二）主动学习

现代农民职业教育供给平台是以适应主动学习（Active Learning）的理念建设的，在设计中处处以学习者为中心，以调动学习者的兴趣为抓手，重点强化在虚拟仿真情境中激发学习者"做中学"的动能，虚拟仿真情境中的实训是以获取技术技能和专业知识为目的的。目前，主动学习理念已经广泛应用到教育的各个领域，并取得了不俗的成效。切合主动学习理念的农民职业教育供给平台的设计借鉴了古希腊哲学家苏格拉底的反诘理念，从问题入手，进而激发学习者主动学习，弄清问题的本质，寻求问题的答案。同时应用了孔子的启发法、法国教育家卢梭的方法之问、杜威的"做中学"和布鲁纳的发现法，引导农民或其他学习者主动学习。

以主动学习为实践逻辑基础的现代农民职业教育供给智能生态平台是以农民学习视角和互联网信息技术的教学环境支撑起来的一个学习生态，在这个生态闭环中，农民学习不再被动，在教学和教育资源供给方式改变的前提下，农民的学习动能来自自己的经济需求。广大农民已经形成了一个共识，学习与增收有必然的关系，要想改变自己生活的窘状，就必须加强学习，这种理念已经深深扎根于广大农民心中。

此外，照顾新生代农民学习偏好也是农民职业教育平台建设需要注意的问题，因此，在互动式教学设计中要重视培育农民主动发现问题的能力，要便于教师教会农民根据问题线索分析问题，引导农民根据问题分析结果，进而养成良性循环互动学习方式。

（三）发展路径

现代农民职业教育供给平台智能生态的形成也有诸多内在和外在的问题，这些问题妨碍了现代农民职业教育朝着智能生态方向发展。当前，需要解决的瓶颈问题就是精准定位现代农民职业教育供给平台在互联网时代的发展路径。众所周知，只有精准定位才能使得农民职业教育事业发展下去。实践证明，过去差异化竞争的策略在近乎透明的"互联网+"时代已格格不入，建立一个能智能推送、生态共享的现代农民职业教育供给平台势在必行。就目前的技术条件和农民学习的需求来看，建立这样一个平台可以有力地驱动乡村振兴战略，加速消除城乡差异。

1.现代农民职业教育的"破"与"立"

新生代农民是与互联网一起成长起来的一代，他们并不存在生活和工作方式由传统模式向现代模式转变的问题。虽然这一代农民对互联网相当熟悉，且当前的学习与工作均离不开互联网，但他们的思维方式仍受其父辈的影响，比如在观察问题、发现问题、分析问题、解决问题上还存在守旧的一面。不破则不立。因此，转变新生代农民的思维方式也就成了现代农民职业教育供给平台建设需要认真对待的问题。

互联网技术应用于职业教育经历了由简单技术应用向智能生态应用的过程，功能也由单一功能向综合功能进化，比如现代农民职业教育供给平台由集教育教学行为、行政办公系统、校企合作共建的平台向集学科建设、科研系统、管理体系、预测规划、督导评估的平台转变。

为了适应上述现代农民职业教育供给平台的转变，突破农民职业教育机械化发展模式必须从转变新生代农民的思维开始。具体来讲可从以下几个方面着手：

第一，现代农民职业教育资源的"破"与"立"。破除教育资源界限，需要充分利用智能生态的"万物互联"和"时时在线"功能为广大农民提供有关职业教育、企业招聘、产业资讯、社会需要等方面的在线资源。

第二，现代农民职业教育价值链的"破"与"立"。农民通过对平台供给的教育资源的学习，能成为掌握多种技术与技能的人才。我们需要打破农民只学习单一技术技能的边界，以最先进的技术价值激励农民思考，从中挖掘农民在学习需求和潜在能力上的附加值，让终身学习成为农民的习惯，这样能有效地延长职业教育价值链。

第三，现代农民职业教育竞争关系的"破"与"立"。我们不应将现代农民职业教育与基础教育、高等教育定位为竞争关系。过去，我们将他们定位为竞争关系，主要是从教育资源视角来定位的。现如今，我国对职业教育加大了支持力度，职业教育与基础教育和高等教育在教育资源上的竞争关系趋向缓和。那么，现代农民职业教育与基础教育、高等教育的关系应定位成什么样的关系呢？多数学者认为在智能生态环境下，现代农民职业教育应与基础教育、高等教育建立和谐共生共赢关系。在精准定位自己的发展方向的基础上，充分发挥网络智能化技术，打造切合新生代农民学习风格的、具有中国特色的现代农民职业教育供给平台。

第四，现代农民职业教育机构边界的"破"与"立"。现代农民职业教育管理归属问题依照现在的管理体制是接受教育行政部门和农村农业行政部门的双重领导。事实证明：多头领导是高效管理中的一大弊端，这不利于现代农民职业教育高质量发展。现在需要"破"的是传统职业教育行政体系中的由上而下的垂直树状管理模式，"立"的是以智能生态为导向将管理体系朝着扁平化、去中心化和网状化的方向发展。

2.现代农民职业教育的网络协同

智能生态建构是现代农民职业教育供给平台的核心模块，是平台为使用者提供教育资源检索与智能推送服务的中枢。教育行政部门、农村农业行政部门、涉农企业、学习者（主要是农民和未来农民）和社会各界是通过现代农民职业教育供给平台参加协同合作的。它既是点对点的连接，也是各协同主体实现优势互补、强强联合的纽带。

当前，平台的网络协同功能并未实现，虽然在设计上已经便于各协同主体操作，但资源调配的能力有待提升，由于运行周期不长，它会在各协同主体之间产生有碍发展的壁垒，导致平台网络协同功能运行不畅。在强大的互联网基础上，现代农民职业教育供给平台在智能生态功能的帮助下能连通不同的协同主体，逐步形成一种适合现代管理的扁平化、网状化发展模式。现代农民职业教育供给平台拥有教育行政部门、农村农业行政部门、人力资源部门、教育市场、职业院校、企业、学习者（主要是农民）及其亲属、职教研发工作者等多个用户点，平台通过智能生态功能将各协同主体需要的资源推送到不同用户端，供不同的协作用户使用与参考，为各方协同促进现代农民职业教育的高质量发展提供了技术保障。

新生事物的产生、发展需要一定的时间。由于各种因素的影响，过去职业教育的舆论环境并不是很好，现代农民职业教育供给平台可以通过打造现代农民职业教育品牌来扭转社会舆情。提升现代农民职业教育的品牌效应，能够为发挥现代农民职业教育供给平台的教育价值营造一个良好的氛围，为农民职业教育的高质量发展奠定坚实的基础。

3.现代农民职业教育的精准驱动

传统农民职业教育与现代农民职业教育的最大差别就是"精准"，在智能生态技术的帮助下，现代农民职业教育供给平台能将教育资源精准地推送到农民的用户端上，提高"职业农民"学习的效率，以便为经济与社会发展输送高素质的劳动者和技术应用型人才，驱动农业人才市场的良性循环。

现代农民职业教育的"精准"体现在两个方面，一是职业教育资源的精准推送，二是农村农业急需人才的"精准"培养。

现代农民职业教育供需平衡的"精准"是通过互联网持续互动、迭代、优化，在供需双方在线的情况下实现的。为了获得宽广的发展空间，平台还采用了数据化分析、聚焦网络结构等技术，不但能让发展空间更大，还能让空间更健康、更智能、更生态。

农民职业教育资源投放的"精准性"代表了未来职业教育的发展方向。这里所说的"精"是通过网络协同来实现的，而"准"则是通过数据分析来落实的。未来农民的核心竞争力会从技术技能型人才显性标准中挖掘，而挖掘出来的农民职业教育供需数据可直接应用于现代农民职业教育供给平台对未来农民技术技能规格的预判，预判得出的结论通过全数据的方式记录，并以非样本抽样的方式加以客观、理性和公正地分析，这有利于平台教育资源的优化、整合。

（四）保障机制

任何一个网络平台，要想运行良好且能发挥良好的效果，就少不了保障机制。现代农民职业教育体系是基于互联网基础建立起来的，因此少不了信息技术的支持，当然，也少不了信息技术建构平台设施的正常运行，这是增加农民在平台上学习体验感的重要保障。试想一下，如果农民在平台上选择了一个自己感兴趣的学习资源，点击观看学习时，播放不流畅，经常缓冲，势必会影响农民学习的积极性。由此可知，现代农民职业教育体系在智能生态环境下实现最大赋能是需要各种保障的。

1.法治保障

在互联网环境下，AI教育已经突飞猛进，不仅选课被智能化，课程资源开发AI技术也得到了普遍应用，与之相适应的，各类互联网智能终端设备也以更高的效率被广大农民所青睐，但随之而来的信息数据存量的隐私安全已成为全网普遍关注的问题。在现代农民职业教育体系里，也需要加强智能生态体系中各类数据信息安全的法治引导，重视学习者在平台上的自律意识、数据隐私保护意识，不能过于依赖互联网信息监管部门。虽然我国互联网法律体系已相当完备，但还不能完全满足智能生态时代信息安全保护的需要。因此，要加快智能生态体系的奖励机制、法律法规制度覆盖平台所有使用主体，才能有效地提升互联网智能生态安全系数[①]。

2.有效赋能

探索智能生态环境中的创新动力是为了突破现代农民职业教育发展的瓶颈问题和拓宽互联网时代农民职业教育发展渠道，是协同现代农民职业教育内在动力和外在动力的必经之路。当外在动力内化为内在动力时，现代农民职业教育的自身发展能力就会得到明显提升。外在动力能引导现代农民职业教育适应不断变化的智能生态环境，从不同视角和渠

---

① 丁国峰.论互联网金融创新的法律保障机制:基于余额宝发展为视角[J].江淮论坛，2015（6）:151-154.

道激发其发展的内在动力，破解现代农民职业教育发展的瓶颈问题。

3.协商监督

前面已经论证了智能生态发展是现代农民职业教育发展的方向，智能生态目标的达成需要多方合作、沟通协作。因为多个主体合作、协同才能形成强劲的合力。要发挥协商监督作用，就需要明确各方的责任、权益，同时还要建立责任与权益的监督机制，以保障责任落实，权益获取。

现代农民职业教育体系的智能发展方向是互联网信息技术与现代农民职业教育由横向朝纵向转变，两者在磨合中不断协同和相互监督，共同朝向创新发展的目标努力。监管部门要对责权进一步明晰，在执行过程中要多方沟通并反馈执行取得的效果。当发现现代农民职业教育体系运行出现问题时，应及时通报相关方，并督促其限时解决，这样才可以保障现代农民职业教育顺利朝智能生态方向发展。

4.资源共享

"互联网+"时代最突出的特点就是跨界，任何事物都能借助互联网的春风快速发展。当今时代已经成为万物互联、人人互通、实时互动、资源共享的时代，互联网的优势在于能有效地降低成本，提高信息传播速度，还可以打破教育时空边界，整合网络平台上的各种资源，为农民创设一个能适应未来生存环境的网络学习氛围。

智能生态为现代职业教育体系提供了资源挖掘和技术革新的技术支持，能让各种资源在平台的互联互通中达到前所未有的高度，在整合实践中，要推行共抓共管、统一标准、联合治理的策略，要加强协同立法，在法律框架中确保平台用户（尤其是农民）顺利应用各界的教育资源。

主要参考文献

一、著作类

[1]中共中央马克思恩格斯列宁斯大林著作编译局.斯大林选集：下卷[M].北京：人民出版社，1979.

[2]马克思.资本论[M].中共中央马克思恩格斯列宁斯大林著作编译局，译.北京：经济科学出版社，1987.

[3]西奥多·W.舒尔茨.论人力资本投资[M].吴珠华，等译.北京：北京经济学院出版社，1990.

[4]钱伯海.国民经济学[M].北京：中国经济出版社，1992.

[5]联合国教科文组织国际教育委员会.学会生存：教育世界的今天和明天[M].华东师范大学比较教育研究所，译.北京：教育科学出版社，1996.

[6]斯蒂格利茨.政府为什么干预经济：政府在市场经济中的角色[M].郑秉文，译.北京：中国物资出版社，1998.

[7]黄恒学.公共经济学[M].北京：北京大学出版社，2002.

[8]瞿葆奎.中国教育研究新进展：2001[M].上海：华东师范大学出版社，2003.

[9]马歇尔.经济学原理[M].朱攀峰，编译.北京：北京出版社，2007.

[10]黄尧.职业教育学：原理与应用[M].北京：高等教育出版社，2009.

[11]丁冰.中国经济热点问题研究[M].北京：中国经济出版社，2010.

[12]顾晓焱.农村公共品供给模式研究[M].武汉：武汉出版社，2012.

[13]兰新让.公共产品分类和供给模式研究[M].青岛：中国海洋大学出版社，2015.

[14]王延中，单大圣，龙玉其.中国社会保障发展报告（2019）：养老保险与养老服务[M].北京：社会科学文献出版社，2019.

二、期刊、学位论文类

[1]闫彦明.转型期中国政府与市场有效协调的制度分析[J].求实，2002（10）：27-30.

[2]李湘萍.富平模式：农民工培训的制度创新[J].教育发展研究，2005（12）：81-84.

[3]李会娟.从人力资本投资看我国农民工受教育问题[J].教育探索，2006（1）：35-37.

[4]胡小凤.MES课程模式：农民工培训的必然选择[J].中国培训，2006（2）：35-36.

[5]朱敏.城市移民视角下农民工引导性培训思考[J].职业技术教育，2008（4）：70-72.

[6]王蓉.国家与公共教育：新人力资本理论的分析框架[J].北京大学教育评论，2009（3）：84-98，190.

[7]BAKER J. Matching supply and demand: industry-led vocational education and training[J].Industry Training Federation，2009，2（5）：10-17.

[8]王宇东.德国双元制职业教育研究[D].大连：辽宁师范大学，2010.

[9]顾微微.教育经济学视角下的农村职业教育困境与出路[J].河北师范大学学报（教育科学版），2011（3）：72-77.

[10]蒋昕臻.德国农业职业教育对我国农民教育的启示[J].农民科技培训，2012（10）：13-14.

[11]谢晶，陈建录，苗厚芳，等.主要发达国家农民职业教育多功能

探析[J].安徽农业科学，2013（1）：402-404.

[12]王凤羽，温涛.农村职业教育供给与需求的经济学分析[J].求索，2013（12）：49-51.

[13]唐智彬，石伟平.论嵌入经济社会的农村职业教育办学模式[J].职教论坛，2013（13）：39-42，96.

[14]GRAHAM J R，SHIER M L，EISENSTAT M. Misalignment between post-secondary education demand and labour market supply: preliminary insight from young adults on the evolving school to work transition[J].International Journal for Educational and Vocational Guidance，2014，14（2）：199-219.

[15]刘寒波，李晶，柴江艺.公共服务空间溢出及其对要素流动的影响[J].财政研究，2014（4）：22-25.

[16]李华玲.经济相对发达民族地区农村职业教育体系建构[J].职业技术教育，2014（13）：57-60.

[17]铁明太.基于促进县域经济增长的农村职业教育发展刍探[J].职教论坛，2014（34）：65-68.

[18]徐卫.新生代农民工职业培训研究[D].武汉：武汉大学，2014.

[19]于欣欣，翟印礼.农村职业教育的个人需求与社会需求：基于辽宁省的调查[J].农业经济，2015（1）：91-93.

[20]丁国峰.论互联网金融创新的法律保障机制：基于余额宝发展为视角[J].江淮论坛，2015（6）：151-154.

[21]徐永清.农村职业教育杂谈之八：中职教育的需求群体分析[J].职教论坛，2015（22）：57-60.

[22]SINHA A，WILLIAM P M，HE Y J. Matching supply with demand in supply chain management education[J].The International Journal of Logistics Management，2016，27（3）：837-861.

[23]赵钰，曾欢.构建农村公共产品需求偏好表达机制的思考：基于林达尔均衡模型和蒂布特模型的视角[J].西南石油大学学报（社会科学版），2016（4）：28-33.

[24]成雁瑛，吴济慧.失衡与重构：新生代农民工职业培训的生态学分析[J].中国职业技术教育，2016（18）：69-73.

[25]柳建平，魏雷.两代农民工职业流动的影响因素及差异分析[J].软科学，2017（2）：38-43.

[26]张新民.新生代农民创业教育与隐性人力资本开发[J].农业经济，2017（5）：112-113.

[27]王朔.论农村职业教育社会需求与个体需求的二律背反[J].职业技术教育，2017（31）：57-61.

[28]李盼道，徐芙蓉.公共产品供给的理论逻辑与实践[J].西安石油大学学报（社会科学版），2019（4）：15-27.

后　记

自 2015 年起，我开始关注农民职业教育，迄今已经有七个年头了。这也是我在农民职业教育发展脉络中探寻我国农民职业教育规律的七年。从借鉴国外农民职业教育发展的成功经验入手，我开展了一系列有关农民职业教育的研究。

本书是在整理我七年的研究成果的基础上撰写的，其间花了一年多的时间搜集相关文献、考察农民职业发展情况、草拟写作提纲、精练写作素材。真正动手笔耕是 2020 年底。七年来，关注农民职业教育，有辛劳，也有收获。在写作期间，我还完成了江苏省教育科学"十三五"规划 2018 年度一般立项课题"农民职业教育供给模式：一项基于精准扶贫视角的研究"（编号：D/2018/03/59）、2020 年度江苏省社科应用研究精品工程一般资助项目"职业教育与休闲农业对接的协同创新研究——以苏北地区为例"（编号：20SYB-130）的研究工作，以及 2022 年度江苏省社科应用研究精品工程一般资助项目"生态农业投入与产出的地域差异分析——基于江苏省各地官方公布的数据"（编号：22SYB-094）的立项工作。本书也是这三个课题（项目）的研究成果之一。

从写作感受来看，撰写此书比撰写《新时期农民职业教育研究——以江苏省为例》要轻松不少，但对于我来说，也是一个大工程。在写后记时有一种难以言表的轻松感和成就感。在此，首先要感谢对我有知遇之恩的合肥师范学院的姚本先教授、安徽师范大学的桂守才教授，没有他们的指导和鼓励，我也不可能成长得如此之快；其次，要感谢学校领导尹德树书记、费小岩院长、焦建平副院长，他们对我的研究提出了很多宝贵意见。最后，我还要感谢我的爱人和女儿，没有她们在我研究工作之余给予我快乐、鼓励和支持，本书还需不少时日才能完成。

由于本人水平有限，或是因工作和家事缠身，书稿断断续续写了一年半，书中可能存在不足之处，在此，谨向各位读者和同仁致歉！

王星飞

二〇二二年十二月